知识与想象之起源

[英] 雅各布·布鲁诺夫斯基——著　魏飞——译

The Origins of
Knowledge and Imagination

JACOB BRONOWSKI

上海文化出版社　　后浪出版公司

图书在版编目（CIP）数据

知识与想象之起源 /（英）雅各布·布鲁诺夫斯基著；
魏飞译. -- 上海：上海文化出版社，2020.10
ISBN 978-7-5535-2074-2

Ⅰ.①知… Ⅱ.①雅… ②魏… Ⅲ.①认识论—研究
Ⅳ.①B017

中国版本图书馆CIP数据核字(2020)第146720号

The Origins of Knowledge and Imagination by Jacob Bronowski
© 1978 by Yale University
Originally published by Yale University Press
Simplified Chinese translation copyright © Ginkgo (Beijing) Book Co., Ltd.
Published by arrangement with Yale Representation Limited
Through Bardon-Chinese Media Agency.
All rights reserved.

本书简体中文版权归属于银杏树下（北京）图书有限责任公司。
图字：09-2020-465号

出 版 人	姜逸青
策 划	后浪出版公司
出版统筹	吴兴元
责任编辑	任 战 葛秋菊
特约编辑	王 凯
版面设计	文明娟
封面设计	墨白空间·张萌

书 名	知识与想象之起源
著 者	［英］雅各布·布鲁诺夫斯基
译 者	魏 飞
出 版	上海世纪出版集团 上海文化出版社
地 址	上海市绍兴路7号 200020
发 行	后浪出版公司
印 刷	北京盛通印刷股份有限公司
开 本	889毫米×1194毫米 1/32
印 张	4.25
字 数	73千
版 次	2020年10月第一版 2020年10月第一次印刷
书 号	ISBN 978-7-5535-2074-2/B.008
定 价	36.00元

目　录

序

　　我的一位生理学家朋友曾经讲过这样一件事。"二战"期间，他在英国一所乡村学校里学习时，作为一名来自德国的难民，他的书卷气和犹太血统遭到了同学们的冷嘲热讽，直至变化突然降临。一天晚上，学生们被带到邻近的城镇，参加一个关于现代世界中的科学的公开讲座。在那之后，学生们以一种全新的尊重态度去对待难民同学。在一个小时内，这位使得文化和犹太血统对于他的年轻听众来说变得可敬甚至迷人的演讲者便是雅各布·布鲁诺夫斯基。

　　我之所以选择这段轶事是因为它说明了布鲁诺夫斯基的多重形象中的一个方面 —— 作为教育者，与其说主要表现在课堂上，还不如说是表现在其他各种各样的场合中。他发表的激动人心的谈话，充满了大量的知识；在学术讲座中，如他所述，他总是努力地揭示"多样性中隐藏的相似性"；最后，他在《人之上升》(*The Ascent of Man*) 的巨大成就中走近了广大观众。

布鲁诺夫斯基早期的两本著作《科学与人类的价值》(*Science and Human Values*，1956) 和《人类的身份》(*The Identity of Man*，1965) 与当前的背景特别相关。正如本书所呈现的一样，这两本书都是在当代学术背景下进行的一系列公开演讲的文本。这两本书都代表着从科学领域到对人类处境核心方面探索的大胆跨越：科学对人类行为有何启示？人类经验如何被转化并融入个体的个性之中，直至成为布鲁诺夫斯基所说的人类的"自我"？

在这些书中，布鲁诺夫斯基对科学和艺术这两种创造性活动的结构进行了分析，并在此基础上概述了一种科学心理学的研究方法。在知识领域中对这两项活动的解释及它们彼此间不可人为分离的性质，是布鲁诺夫斯基的教学中始终存在的主题。

这些主题的根源在西利曼学院的讲座中更加凸显。在布鲁诺夫斯基看来，知识和想象是智性经验不可分割的两个方面。富有想象力的瞬间对于科学，如同其对于诗歌或者抽象艺术，具有创造性的核心意义。心灵在创造知识过程中作用于自然界，与它创作一首诗、一幅画或一首交响乐时作用于人类感性的元素一样。

布鲁诺夫斯基希望把想象力的角色界定和阐明为各种智力

活动中的统一元素。实际上，是作为人类心理学中的创造性元素。这间接地导致了西利曼讲座现在仅以 1967 年的讲稿形式展现于世人面前。他一直希望将这些讲座看作是两本书中的一本，另一本书的主题是艺术事业的本质。但是，这个计划没有实现。准备"人之上升"系列电视节目耗费了他所有的精力。未来计划也因其去世而化为乌有。

《知识与想象之起源》的结构不同于布鲁诺夫斯基的其他著作。讲座不仅技术性更强，也更加公开。通过叶芝的一首迷人诗歌引入现象与本质的主题，在一个"欺骗性"的开端后迅速地引出对一些最复杂的知识领域的讨论，其中学者——"自然哲学家"，布鲁诺夫斯基偏爱以此来称呼自己——开始着手解决涉及人类理解界限本质的认识论问题。我们应该向作为学者和翻译者的布鲁诺夫斯基致敬，他成功地使得对这些问题的讨论变得便于理解甚至令人着迷。

人类语言的本质和力量在于它是一种创造性工具，它为人类的经验结构定序与定格；时间的本质和相对性的意义；量子力学解释的物理测量的极限；在数学的公理结构中固有的知识形式化的界限——作者坚持认为它们不仅应被视为科学中的建构，还应被视为人类思维在行动中定义自身的表达。由于作者的这一立场，使以上及其他议题变得容易接近，也更人性化。在整本书中，读者的兴趣是由两个主题——在知识创造与其想象内容上有意识的人类活动——的相互作用所激发，这两个主题几乎像奏鸣曲中的旋律一样重复，并赋予文本以智性的统一。

　　除去他作为数学家、哲学家、语言学家和教育家的许多成就之外，毫无疑问，本书的读者还会发现（如果他们没有意识到的话）布鲁诺夫斯基是一位杰出的布莱克学者。他是影响深远的著作《威廉·布莱克和革命时代》（*William Blake and the Age of Revolution*，1965）的作者。布莱克，艺术家、画家、版画家、诗人，以及政治预言家。当年布莱克想要表达的，与布鲁诺夫斯基希望我们从他的演讲中学到的东西没什么不同：实干家的正直应该与思想家的远见相匹配，这种远见既包括观察者向外投射的东西，也包括他向内接收的东西；无论是工业革命还是社会机械化，在被认为不可阻挡的事件发生之前的消极行为只会导致奴役；自由必须通过人类智慧与物质世界之间的相互作用来创造。

　　和同时代的戈雅一样，布莱克是一位艺术家，他凭借力量、同情与想象来审视人类的处境。两位艺术家都将人类的愚蠢描绘成噩梦，而这份愚蠢终被理性之光所驱散。布鲁诺夫斯基对人类理性也充满了信心。他的演讲洋溢着乐观主义，本质上它与启蒙思想家的乐观主义并无二致，但通过现代自然观和现代关于人类思维作用的思考，这种乐观主义更加严肃与精炼。无论人们是否赞同布鲁诺夫斯基的乐观主义，你必须感谢他的提议。如同在 35 年前的一个晚上，他在英格兰的一个小镇上演讲一样，布鲁诺夫斯基再一次给他的听众传达了人类和谐相处的福音。

S. E. 卢里亚（S. E. Luria）

马萨诸塞州剑桥市，1977 年

第一讲

心灵：作为理解的工具

　　首先，请让我朗诵一首叶芝的诗，《致安妮·格雷戈里》。　
这是一个向安妮·格雷戈里提问的男人和她之间的对话。第一
节是询问者对她说的：

> 你耳后，
> 蜂蜜色的装甲，
> 让年轻人绝望，
> 他不会，
> 只因你而爱你，
> 而不顾你金色的头发。

　　对此，安妮·格雷戈里回复：

> 但我可以染发，
>
> 我可以染成不同的颜色，
>
> 棕色、黑色、栗色，
>
> 绝望的年轻人，
>
> 只为我而爱我，
>
> 而不是我金色的头发。

随后由询问者完成本诗最后一节，他对此回答道：

> 我听到一位老教士，
>
> 昨夜宣布，
>
> 他发现了一段经文证明，
>
> 亲爱的，唯有上帝，
>
> 只为你而爱你，
>
> 而不顾你金色的头发。

　　我选择用这首诗来引入本讲座，因为它描述了叶芝诗中探讨的一个永恒的主题，以及接下来讲座的潜在主题：我们如何通过物理手段获得非直接性的物理经验。想要理解"金色的头发"，你必须通过"人类视觉""言语"或其他人类基本的能力，虽然这些能力是通过身体感官或身体能力调节的，但我们相信正是它们给予了我们关于外部世界的知识。

由于"知识"这个词出现在我的演讲总标题"知识与想象之起源"中，我应该从我将要谈论的认识论开始，尽管我更喜欢使用18世纪，实际上是中世纪的短语"自然哲学"（natural philosophy）来称呼它。关于自然哲学，在我看来它是人类的一种精神活动，它试图追溯自然（不论说它是死的还是活的）的法则，但它并不是专门研究这个或那个法则是如何运作的。我所实践的哲学，即自然哲学，关注的是合法性而不是法则本身，并且关注的是法则的一般本质而不是这个或那个法则的具体结构。在中世纪大学中，一个学生完成了七艺的学习后，自然哲学是他毕业时的三个主题之一（另外两个是道德哲学和形而上学）。尽管我的最后一次演讲涉及道德哲学内容，但我大部分时间都是在谈论自然哲学。

我认为，我们需要根据过去50年中出现的科学知识来重新审视整个自然哲学。当我们对世界的感知方式在本质上发生了如此大的变化时，继续谈论"世界是什么"（正如大多哲学所为）真的毫无意义。我们越来越意识到，我们对世界的看法不是"世界是什么"，而是"人类如何看待世界"。因此，我在这个系列讲座中的大纲实际上是康德在18世纪60年代提出的计划，当时，他还是一名实践科学家，刚刚开始涉足哲学。他写了许多书籍和论文，其基本思想为：我们对外部世界的认识取决于我们的感知模式。而我的哲学，将是对人们所见的世

5

界结构的描述。[1]

　　遗憾的是，大约在 1768 年，康德的生活发生了巨变。当时他在阅读欧拉的一篇论文，该论文的目的是证明空间确实像牛顿所暗示的那样是绝对的，而不像莱布尼茨所提议的那样是相对的。[2]（我们必须记住，由牛顿和莱布尼茨对空间的不同看法造成的巨大的世界分裂感，在 18 世纪依旧没有消失。在当时，讨论哲学却不涉及这两个人是不可能的，正如现在在莫斯科和伦敦用同样的术语谈论马克思主义是不可能的。因此，在 18 世纪，牛顿和莱布尼茨对世界的看法深深地影响了所有的哲学问题。）1768 年，在阅读了欧拉关于空间本质的论证之后，

6　康德出版了一本书，在其中他第一次提出空间确实存在，事件（event）必须与之相适应，我们必须先天地意识到它。[3] 康德于 1804 年去世，那时距离关于空间的新观点的公布还很遥远，当然它们在被公布前已经被反复思考许久。我们都被这种想法所困扰：世界就在那里，我们的感知模式对我们解释它的方式影响不大；我们可以了解世界的本质而不必担心我们使用

1　参见 F. S. C. Northrop, "Natural Science and the Critica Philosophy of Kant," in *The Heritage of Kant*, ed.G. T. Whitney and D. F. Bowers。

2　L. Euler, "Reflexions sur Tespace et le temps," *Memoires de VAcademic Royale des Sciences et Belles Lettres* 4 (Berlin, 1748): 324–333.

3　I. Kant, "Concerning the Ultimate Foundations of the Differentiation of Regions in Space" (1768), in *Kant: Selected Pre-critlcal Writings and Correspondence with Beck,* translated with introduction by G. B. Kerford and D. E. Walford (New York: Barnes & Nobles, 1968).

的"工具"。

我认为这是错误的。自从宇宙相对论（你也可以说是莱布尼茨宇宙观）取代了牛顿的宇宙观之后，在我看来，我们就应该再重新思考一下关于空间的问题。正如诗中所言，如果你没有意识到这个女孩有金色头发，你就无法爱她，如果没有物理感官的介入，你就无法看到世界。

我的标题中的"知识"这个词意谓过多。我应该向你解释，我使用"知识的起源"而不是"知识的奠基"或"知识的本质"，[1]是因为我特别想带大家探察生物学上的感知模式、言语模式、符号模式，以及由此而来的进化步骤，正是通过它们，我们人类到达了现在的生物境况。

当我们谈论外部世界的感知时，我们实际上是在研究哲学，就好像我们是一个引擎——引擎的感知模式对于我们对世界的阐释至关重要。我不认为将人类称为生物引擎是什么不光彩的事情，只要我们非常清楚"生物"和"引擎"的含义。这就是为什么在第四讲中，我要讲引擎能做什么与不能做什么，特别是计算机能做什么与不能做什么；这也是为什么在这次讲座和下次讲座中我要讲动物能做什么与不能做什么。所以你可以说，这些讲座是关于世界如何向人类展现、显现及表现，并将人类视为一种特殊的动物，将动物视为一种特殊的

7

1　着重号为编者所加。

引擎。

在整个讲座中我涉及的问题出发点实际上非常简单：人是怎样的一种动物？我马上给出答案的一个线索，但我想通过介绍"人是动物"与"人是精神"这两种观点之间的关系来引入它。

所有动物都非常特别。它们当然不是简单的引擎。人更是一种非常特殊的动物。目前，有一种谈论人类和动物的潮流，我想是由康拉德·洛伦茨（Konrad Lorenz）开始的，最近又因为罗伯特·阿尔德雷（Robert Ardrey）[1] 使得这种潮流在这个国家流行起来。在我看来，这一潮流是异常幼稚的。它让我们回到了100多年前达尔文、赫胥黎，以及威尔伯福斯主教（Bishop Wilberforce）所进行的关于进化论的争论。让我们以洛伦茨的最后一本书《论侵略》（On Aggression）[2] 为例。好吧，这本书真的很简单——事实上，你可以把它写在一张小明信片上。其冗长无用的内容极其无聊。它实际表达的仅是：你只需要看看普通的哺乳动物，就能知道它们中的大多数需要一些内在的攻击性行为来维持自身。因此，可以得到这样一个结论：显然是哺乳动物的人类所展现的攻击性行为在他们的生活中是非常重要的；对我们来说，不要忘记这点是非常重要的；

1　Robert Ardrey, *The Territorial Imperative: A Personal Inquiry into the Animal Origins of Property and Nations* (London: Collins, 1967).

2　London: Methuen, 1963.

战争是这种行为的表现……其余部分你可以自己去补充。

我不否认老鼠是一种攻击性很强的动物。但当老鼠在踢脚板后面某处而我们都好好坐着时，我们说老鼠证明了人类的某些东西，在我看来这似乎很奇怪。如果我们必须知道的关于自身的一切是我们可以从老鼠那里得到的东西，那为什么不是老鼠坐在这里，我们在护墙板后面乱窜呢？

令人印象深刻的是，许多动物，不仅是哺乳动物也包括鸟类和鱼类，都表现出领地行为。也就是说，它们自认为有一块属于自己的领土，并驱赶入侵此地的其他同类。因此，每个人都说领地行为对人类很重要，罗伯特·阿尔德雷还为此写过一本书。现在，关于领地行为的观点非常明确，红胸鸲唱得很大声是为了让其他同类远离它所在的领土。但除了早上淋浴时的歌声，我从未见到人类这么做。

我给你们举这些例子只是为了说明一个非常明确的观点，当我们在这一系列讲座中讨论作为一种特殊的动物的人类时，我们感兴趣的是"特殊"这个词。当然，我们人类与其他动物有许多共同的特征是非常重要的。但至关重要的是追问人类的特殊能力，这一追问是其他动物所不具备的特性赋予我们的，这是我们在讲座中所关注的地方：表达认知性语句的能力（其他动物无法做到），以及运用知识和想象的能力。比如达尔文访问火地岛极度原始的群落，发现那里几乎没有科学，甚至连魔法和预言也几乎没有，同样也几乎没有艺术。但"几乎没有"

9

和"没有"就如同奶酪和粉笔一样不同。因此，对我来说，人类最有趣的事情是在每个已知的社会中，人类都是一种去实践艺术和科学的动物。

当然，这并不是区分人与其他动物的唯一因素。只有人类在性交中使用面对面的姿势；在全部灵长类动物中，只有女性拥有永久性的乳房；我们是少数没有阴茎骨的灵长类动物之一……我们可以说出 101 个细节，所有都非常有趣，也无疑都在人类进化中占有一席之地，无论是在人类所做的事情上还是在人类为什么会这样做上。虽然我们可以用剩下的时间来讨论这些事实，但我不得不让你们自己去研读它们。

"想象"这个词也出现在我的标题中。我想让你思考以下几个词：视觉（visual）、视力（vision）和幻想（visionary）；图像（image）、影像（imagery）与想象（imagination）。我选择这些词当然是因为我想引入"想象"这个词。但我想让你们看看，当你看这些词时，是什么总能让你感到惊讶？我们使用的所有关于憧憬或想象体验的词汇，几乎都是与眼睛和视觉有关的词。"想象"这个词源于心灵中的图像制作，源于华兹华斯所说的"心灵之眼"（inward eye）。事实上，华兹华斯使用这样一个词清楚地表明，人类的智性活动在多大程度上受眼睛制约。

如果你仔细想想，人类实际上只实践两类艺术：一类是由视觉感知的艺术，如雕塑和绘画；另一类是以语言和声音为媒介的艺术，如诗歌、小说、戏剧和音乐。在人类的感官中，视觉和听觉这两种感官支配着我们。前者支配着我们对外部世界的看法，而后者在很大程度上被我们用来与他人或其他生物接触。大多数时候两者之间存在明显区别，视觉向我们提供关于外部世界的信息，而听觉向我们提供关于世界上其他人的信息。

当然，我应该顺便提及其他感官。例如，据说爱斯基摩人[1]制作那些非常小的雕塑，是因为他们携带并能感觉到它们。还有一种感觉甚至不属于五感，即动觉，这是我们在欣赏舞蹈或动作时所动用的一部分知觉。但总的来说，视觉艺术与声音艺术（包括音乐）之间的这种划分是清晰的。

然而，科学世界完全由视觉支配。如果你要问，假设牛顿生来就是盲人，所有的科学理论都是由盲人构建的，我们对世界的认识会和今天一样吗？那答案显然是否定的。

视觉在人类进化中的地位至关重要。我们现在相信，在灵长类动物中，人类是沿着一条最原始、最奇特的路线进化而来的。现存的灵长类动物中，我们的近亲是类人猿，远一点的亲戚是旧世界猴，其次是眼镜猴，再次是狐猴，最后是树鼩。树鼩这种动物可能根本算不上真正的灵长类动物，但在灵长类动物谱系的初期，它们的祖先与我们的祖先有着相同的生活方

1　现标准说法为"因纽特人"。——编者注

式。树鼩祖先与我们人类的进化间距大约是 7500 万年。

12　　　上述这些都是生活在树上的灵长类动物，实际上，树鼩看起来很像在耶鲁的草坪上跑来跑去的松鼠。关于它们的有趣之处在于：它们需要特殊的感官以便在树上生活。视觉在整个进化过程中起着至关重要的作用。如果没有良好的视力，动物不可能成功地待在树上。观察所有这些物种的现代典型代表，观测它们大脑区域被视觉皮层所占据的面积与它们对视觉的依赖程度，会发现那是非比寻常的。如果我们把现存的灵长类动物作为我们共同祖先的线索，我们就可以追溯视觉的进化发展。例如，类人猿和旧世界猴有色觉，一些新世界猴可能就没有。与人类亲属关系越近的灵长类动物，就越依赖立体视觉，也就是说，它们的两只眼睛以一种视野重叠的方式被固定。这只有通过翻转脸部使眼睛向前才能实现。可以肯定的是，一些长鼻子的动物，如狐猴和狗脸狒狒，通过从它们的口鼻上方往外看的方式，设法实现了立体视觉。但从整体来看，我们可以看到这张脸是如何从滑稽的松鼠状的树鼩（以及它的化石祖先）——它们的眼睛从尖尖的鼻子两侧向外瞪着——进化变成了类人猿或人类的扁平面孔。

　　　但是，如果你把人类和视力最敏锐的类人猿（比如黑猩猩）做比较，你就会发现我们的视觉更加精妙。它们都是视觉很好的动物，它们的视野往往会重叠，因此往往有立体视觉，

13　　甚至大都具有色觉，但它们的视觉在区分细节（这能够以一个

非常简单的方式来测试）的能力上无法与人类相比。你们现在会明白为什么我如此重视视觉，因为我们几乎完全依赖视觉。作为我们感知外部世界的主要模式，视觉无疑是人类强大的文化塑形能力。

那么视觉是如何运作的呢？好吧，不久以前，人们还认为眼睛的工作原理如同摄像机：它扫描了场景，它产生了很多点，它把这些点投射到脑后，然后大脑开始工作且看看发生了什么。然而，视觉远非如此，人类的大脑也根本不像那样工作。现阶段，我最好还是说说它是如何工作的，以向你们展示人类大脑的机制是多么复杂，以及它必须解决的奇怪问题。

我已经说过，即使是类人猿也不能像我们一样进行细致的辨别。因此，你可能会认为，如果你想要创造像人类一样的动物，拼命想要为其获得精细的辨别能力，那就必须改进眼睛的光学仪器，研制更好的透镜，更精细地划分视网膜等。然而，并非如此。在人类眼睛和大脑的整个生理发展过程中，最有趣的事情是精细的辨别能力并不是通过这种方式实现的。

我将会一遍又一遍地讲到这一点，特别是当我在第四讲谈论大脑和机器的时候。大脑没有在感官上推动精细辨别，也并非通过制造更敏感的物理设备来实现精细辨别。如果将大脑拟人化，则大脑必须解决用粗糙仪器实现精细辨别的难题。至此，你们通过多种方式谈论的所有人类问题，无论是科学还是人文方面的问题，无论是身体还是心理的问题，实际上总是围

14

绕着同样的问题：如何使用一种底部呈颗粒状且粗糙的设备来提炼细节？

　　乔治·沃尔德（George Wald）刚刚由于在此项研究中首次迈出一步而获得了诺贝尔奖。他指出，当单个光子射到眼睛中的杆状或锥状细胞时，它就会使其中的视紫红质分解变构，让视紫红质回落到较低的能量状态，粗略地讲，使其变成维生素A。（这并不完全正确，但足以让你清楚地了解发生了什么。）我们的眼睛中充满着视杆细胞和视锥细胞，两者之中都存在着液态的视紫红质。当光线照射时，视紫红质就会变白。而一旦它被漂白，杆状或锥状细胞就无法继续让我们看到东西，直到视紫红质恢复。从紫色到无色的步骤（就像从任何颜色到无色的所有步骤一样）代表着能量的降低；单个光子分解视紫红质，让它回落到接近正常维生素A的状态。[1] 这项研究十分美丽。我很高兴两年前在介绍乔治·沃尔德时这么说了，当时他在纽约举办"人与自然"的讲座（Man and Nature Lectures）。那时我说每个人都应该知道该研究，因为它是诺贝尔奖级别的。我很高兴住在斯堪的纳维亚半岛的人当时在收听节目。

15

1　维生素A在脱氢酶作用下可氧化生成视黄醛，视黄醛与光感受器（视杆细胞和视锥细胞）中不同的视蛋白结合产生各种不同吸收光谱的视色素，如视紫红质、视紫质等。视色素为感光物质，它们吸收光子会引起一连串的物理化学变化，产生感受器电位。这种感受器电位通过视网膜上各种神经细胞转变为脉冲形式的神经冲动，传至大脑，产生视觉。现已知道，视网膜中的视紫红质可以在感光过程中不断地分解与再生并且构成动态平衡。——译者注

　　这段简短的描述足以说明眼睛不会形成连续的图像。因为如果它充满了杆状细胞和锥状细胞，并且如果单个光子激活了它们，那么这个东西一定会像疯了一样到处乱跳，到处都是光点。此外，光子去撞击那些刚刚经受过撞击的杆状细胞和锥状细胞没有任何效果，后两者必须等待视紫红质的复原才能再次接收"信息"。因此，我们的"光学仪器"有一个非常粗糙的颗粒状表面，（成像效果）就像老式的报纸照片一样。此外，肯定还有一个"干扰层"，因为你的眼中无法拥有超过100万良好运行的（杆状和锥状）装置，其中总有一些装置会出现错误，即使在完全黑暗的情况下。你必须意识到，不只是机器经常出故障，人类或上帝所能设计的任何装置都是如此。因此，眼睛里总是有相当多的杆状细胞和锥状细胞会放弃（接收）漂白信号（一种电子信号），而是说"我们被一个光子击中了"。事实上，这是一个谎言，它们没有被光子击中。所以问题之一就是要消除这些干扰。

　　就此而言，眼睛是一种精密的仪器。在任何给定的情况下，干扰水平仅为5个光子的数量级，而10个光子便足以告诉你真实信号的存在。非常精细。事实上，眼睛可以通过将包含各种安全装置的信号发送回大脑来克服这些困难。

　　现在，大家想一想我拿着的这张纸的清晰轮廓，然后问问你自己它是否会在我所描述的光子雨作用下（直接）映照在你的眼睛中。答案当然是"否"。我的眼睛中有一条极其波浪

16

状的阴影边缘，以反光的方式直达大脑。根据此时所经过的光子，眼睛的哪一部分已经被光子击打等，这当中一定存在很多错误。能量和物质的颗粒性质使这些错误成为必然。现在，在大脑的后部没有任何像屏幕一样的东西以把这些信息反映在上面。然而，在大脑的某个地方，此刻出现了一阵电脉冲说"这是一条直边"。它这样做的原因是因为眼睛在视杆细胞和视锥细胞之间是如此地紧密，以至于它实际上是在寻找直边。

关于青蛙、猫、兔子的眼睛（经过最仔细研究过的眼睛）的奇妙之处在于：向大脑发出物体边界信号是它们连接起来形成的主要功能。事实上，在青蛙的眼睛里似乎存在一种机制，它能指示现在进入眼睛的物体边界是直的还是弯的（这对青蛙很重要）。

眼睛是一种非常奇怪的"机械"。它不会传回简单的信号；视网膜的后部有一个精心设计的接线电路，它能识别出在外部世界中有意义的连接。物体边界就是这样的连接。颜色上的差异也是如此。眼睛永远不会回送一个点说："那个座标是红色的。"当我把视线移到另一边时，它基本上会传回这样的信息："所有被绿色边界包围的红点都没有被激活，但被红色边界包围的绿点却被激活了 —— 这意味着红色。"

这是通过单元之间精心设计的布线系统使粗糙单元获取精确信息的方式。关于这一点有两件非常有趣的事情。[这主要是哈特兰（Hartline）倡导的工作，他、格拉尼特（Granit）和沃尔德因此获得了诺贝尔奖。][1] 第一件事，通过对小猫（它们也有立体视觉）做的实验我们可以知道，你眼睛中的连线连接是与生俱来的。而同样清楚的是，即使小猫生来就有一种使两只眼睛同时聚焦的机制，但除非小猫从睁开眼睛的那一刻就开始练习使用，否则这种机制是不会起作用的。因此，我们有一个非常特殊的生理现象：即使是感觉器官的预置电路，也必须通过使用来维持和调节，至少在幼儿时期是这样的。毫无疑问，这就是在幼儿早期阶段任何形式的感官剥夺对动物和人类都是灾难性的原因之一。

还有一件事我想在此说明。眼睛的连线系统可以分辨直的或弯的边界、光线对比等，这似乎非常"聪明"，非常"智能"。但你也必须意识到，每台这种类型的机器都要为它能够如此巧妙地完成的任务付出代价——也就是不能完成其他任务。而眼睛无法做到的事情之一就是以一种新鲜、开阔的视野去观察大自然，就好像它没有在寻找[2]物体的边界和色彩的对比。正是由于对这些事物的搜索机制内置于我们的眼睛之中，我们才不断地被外界的本质所欺骗，因为我们用内置的搜索机制来解释它。

为了说明眼睛的机制对人类进化的重要性，我对此进行了

18

1　拉格纳·格拉尼特，哈特兰，乔治·沃尔德因对眼睛里的首要生理视觉过程的发现于 1967 年共同获得诺贝尔生理学或医学奖。

2　此处着重号为编者所加。

深入的研究。我们站在视觉辨别的顶峰，我们完全依赖它。最后，我想说的是，我们既在"外视"上依赖它，又在"内观"上依赖它。

我们在记忆和想象，象征和符号方面的能力都受视觉的制约。视觉支配了这个序列，支配了我们思考出现在心灵中的事物的方式。让我现在回到一开始我说过的那些词汇："视觉""视力""幻想"，"图像""影像""想象"。想象不同于我之前所描述的眼睛那样是一种机械天赋。但是，因为它完全植根于此，所以它是人类所独有的一种能力，其他任何动物都不具备。我们无法将人的视觉器官的特殊重要性与其独特的想象能力、制订计划的能力，以及做所有其他通常包含在"自由意志"这个总概念之下的种种能力区分开来。当然，我们所说的"自由意志"，真正的意思是将各种选项可视化，并在它们之间做出选择。在我看来，当然这并非所有人都同意，人类意识的核心问题就在于这种想象的能力。

第二讲

符号语言的进化和力量

我将以最简洁的方式概括我在第一讲中所说的内容。我说过我的大纲是关于自然哲学的大纲，康德离开物理学开始写关于哲学的文章时就为自己设定了这个大纲。他于 1768 年放弃了该计划，而在我看来是时候将其完成了。当我们认为自己实际上并没有拥有上帝赋予的洞察力，而是用作为一种动物所拥有的物理天赋观察外部世界时，该大纲其实是在询问我们对外部世界的认识基于什么。

我以视觉为例来说明我们如何感知世界，以及如何将信息传递给大脑。我选择视觉，首先是因为它在所有灵长类动物，特别是人类的感知中占有主导地位；其次是因为它具有典型性，可有力地作为外界印象如何影响我们的例子；甚至当我们思考我们意识的内部而不是外部世界时，我们也会用眼睛的隐喻，比如华兹华斯所说的"心灵之眼"。无论我们是在考虑严格的科学描述，比如"视觉"和"图像"，还是进行高度诗意的描述，比如"幻象"和"影像"，我们都会这样做。

我证明了眼睛的运作受制于细胞系统的缺陷，也就是说，它必须使用非常粗糙的单位来进行精细的辨别。这是个很好的问题。对于任何试图研究自然的各个方面的人来说，这确实是20世纪末的难题。当我们工作的单位（如眼睛里的杆状细胞和锥状细胞，如通向大脑的神经元）如此粗糙时，我们如何能进行精细的辨别呢？这种辨别是可以实现的，因为互联系统会产生大量的重叠，结果不仅是大脑而且眼睛本身也会对世界做出推理。除非通过间接推理的过程，我们甚至无法获得视觉印象。因此，推理是我们所有心理活动的根源，这甚至是直接通过我们的感官进行的。理解推理的逻辑含义是最重要的，我的下一讲将特别关注推理的逻辑形式化。

然而今天，正如标题所说，我想谈谈"符号语言的进化和力量"。"进化"这个词将在我不得不说的话中一次又一次地出现。当康德写他的计划时，进化论只是查尔斯·达尔文的祖父伊拉斯谟头脑中的一个想法。康德于1804年去世，达尔文生于1809年。自然而然，康德关于知识如何建立在人类感官基础上的观点中，没有一个观念能够提供从动物到人类的进化线索。事实上，关于人类进化的事情直到最近20年才真正为人所知。

至少在过去的100万年里，人类社会中的自然选择在很大程度上受到人类文化本身的支配，这一事实是一个全新的观点。我将谈论语言和言语，最明显的方式是再次说"视觉"（visual）、"视力"（vision）、"幻想"（visionary）这 3 个词。它们明显具有相同的词根（这并不是一个笑话，而是为了展示这些视觉类词汇在人们脑海中所占据的位置），然而在这个过程中，语境和应用发生了巨大的变化。现在每个人都知道人类可以改变语词的语境与应用，而且，每个人都知道没有任何证据表明动物可以做任何类似的事情。目前所知，人类语言的历史大概不到 50 万年。我们是如何如此迅速地从黑猩猩发出的那种声音发展到人类发出的这种声音的？

就"物理设备"而言，这种转换很容易理解。大约在过去的 100 万到 50 万年（从进化的历史尺度来看，这绝对不算很久的时间），人类及其直系祖先的大脑以惊人的速度增长。据我们所知，南方古猿是生活在大约 100 万年前的人类祖先，其大脑重量在 1—1.5 磅[1]。按照我们的标准，他们的体型较小（虽然不比我小多少），因此，他们的大脑与体重的比例应该以某种宽容的方式米解释。如果一个南方占猿有了现代人的体型，他的大脑可能有 1.5—2 磅重。在座的各位的大脑平均重量是 3 磅，当然这里也有些人的大脑重量超过 4 磅。然而，脑重量（昨天我听说它被迷人地称为"生物量"）其实并不是关键。

在这 100 万年左右的时间里，人类大脑的关键变化并不是

1　1 磅≈0.45 千克。——编者注

24 体积增大了 3 倍，而是 3 个或 4 个主要区域的增大。首先，视觉区域显著增大，与黑猩猩相比，人脑细胞的实际密度至少高出 50%。第二个增大的是与手的操作相关的区域，这是很自然的，因为我们比猴子和猿更喜欢用手。第三个主要增大的区域发生在颞叶，其中视觉记忆、信息综合和语言处理区域紧挨在一起。第四个大幅增大的区域发生在额叶，其功能尚且不明（我今天所说的任何内容，在 10 年后将不再正确），但很明显，额叶很大程度上要对启动一项任务、进行任务时保持专注、坚持处理任务的能力负责。

　　位于颞叶上方的语言区不在其他任何动物中存在。这就把对语言的讨论放到了一个非常特殊的范畴，因为你无法用能给你提供任何关于语言信息的动物做实验。我们得到的几乎所有信息都来自对遭受过某种脑损伤的人的研究。当然，这种工作总是非常可疑，因为你永远看不到一个"正常"的大脑。像加拿大的彭菲尔德和罗伯茨、苏联的卢瑞亚，这些人已经处理过数百起病例，但他们从来没有遇到过一个大脑完整、整合良好的正常人的手术。[1]

25 　　因此，必须通过 50 年前被认为具有高度推测性的方法来研究语言区。这些方法现在变得非常受推崇，因为它们与天体

1　W. Penfield and L. Roberts, *Speech and Brain Mechanisms* (Princeton, N.J.: Princeton University Press, 1959); A. R. Luria, *Higher Cortical Functions in Man* (London: Tavistock, 1966).

物理学中使用的推理完全一致。当我们谈论语言区的进化时，我们的大部分猜想都类似于关于宇宙是否起源于 150 亿年前大爆炸的猜想。在几乎所有的右利手中，语言区都位于左边，对于超过 95％ 的右利手的人来说，情况确实如此。对于绝大多数左利手也是如此，他们的语言区位于右边。这种人类解剖学特征表明，人类的语言和言语在某种程度上与动物交流不同。

现在我想忘掉解剖和功能，静下心来思考这是怎么发生的。对此，有两种思想流派。有些人认为进化显然是连续的，因此人的语言区域及语言天赋肯定是动物声音的一种延续。还有一些人，比如诺姆·乔姆斯基和埃里克·勒纳伯格，认为人类语言是一种完全与动物无关的特殊天赋。[1] 我不认为后者是对的。在我看来他们的观点是一种误读，这种误读很大程度上建立在对人类进化方式的误解之上。在我看来，后一观点忽略了这样一个事实：人类进化已被人类文化本身完全支配。在过去的 100 万年里，人类文化一直是使人成为其自身的最重要的选择性影响。所以，我认为人类语言确实是动物交流的延续。有趣的是，我们可以看到它们的不同之处。

花时间说说动物交流这一引人入胜的话题是令人愉快的。园丁鸟在讨好它的伴侣时的殷勤表现；蜜蜂将同伴引导到花蜜

26

1　Noam Chomsky, *Cartesian Linguistics* (New York: Harper & Row, 1966); Eric H. Lenneberg, *Biological Foundations of Language* (New York: Wiley, 1967).

所在之处时的舞蹈；凤头䴙䴘会从湖底拾起一些水草呈送给其配偶，并一边整理羽毛一边拍打羽翼 —— 可惜，这些现象我无法一一展开讲述。

　　动物交流的首要考虑因素是沟通：动物发出噪音或其他信号是为了影响其他动物，而不是为了它自己。说它试图[1]影响其他动物则毫无意义。当我们交流时，我都不知道你的意图，更何况动物的意图。但很明显，例如，动物发出警报叫声，是因为自然选择对那些发出惊叫的动物有利，对那些听从惊叫而躲藏起来的同类也有利。这显然是一种行之有效的自我矫正生存机制。它不仅在一个特定的物种中起作用，索普观察到鸟类能听懂另一种完全不同种类的鸟发出的警报声，即使这种警报声与它们自己发出的没有共同之处。[2]

27　　　显然，这些声音 —— 发出警报或饥饿的哭喊声，求爱的姿态或声音，表明个体已经找到了食物的声音 —— 构成了极其有限的词汇表。据我们所知，不论是发出的声音，还是对此做出反应，都是由动物的基因决定的。即使有时信息相当复杂。根据冯·弗里施的说法，蜜蜂通过"8"字形舞蹈来指示丰富的花蜜来源，其中主线方向指向食物所在的位置，而舞蹈动

1　此处着重号为编者所加。

2　W. H. Thorpe, *Bird-song: The Biology of Vocal Communication and Expression in Birds* (Cambridge: Cambridge University Press, 1961).

作的快慢是对距离的估计。[1] 这个系统看起来运行良好。冯·弗里施最近的研究表明，虽然事情要比这复杂得多[2]，但实际上它仍然只是一个机械系统。尽管实际上只有矮蜂在蜂巢外水平飞行，更高级的工蜂是在蜂巢上垂直运作该系统。这些蜜蜂用重力方向代替太阳方向，在这种情况下，舞蹈中轴线与重力方向所成的角度，与蜂巢、太阳和食物所在地形成的角度一致。当它们看不见太阳时，由于对偏振光敏感，它们也能知道太阳的位置。即便如此，这仍然是直接信号的传输，以及直接的与完全机械化的响应。

即使是相当复杂的动物，比如狒狒或猕猴，它们的信号词最多也只有 100 个，可能只有接近 40 个。其中大约一半是声音，另一半是手势。这是一个群体中每个成员都知道的信号词，每个成员都以完全相同的方式理解信号。

例如，狒狒会将"哨兵"派到领地外围，它们过着相当复杂的生活。（就像人类一样，它们已经从树上下来在地面生活，但它们并不是非常适合在陆地上奔跑，因此它们会非常小心地守卫自己的领地。）当听到"哨兵"发出表明"危险"的吠叫时，所有的狒狒都会四散而去。我曾看过这样一段影像，当表

28

1　Karl von Frisch, *Bees: Their Vision, Chemical Senses and Language* (Ithaca, N.Y.: Cornell University Press, 1950).

2　Karl von Frisch, *Tanzsprache und Orientierung der Bienen* (Berlin: Springer-Verlag, 1965); translated by L. E. Chadwick (Cambridge, Mass.: Harvard University Press, 1967).

明"危险"的声音通过磁带再现时，狒狒们没有任何疑惑地散开了。它们不会说："哦，吉姆又在叫了，他总是喊'豹子来了'。别在意。"当然，通常来说等着看是否真的有一只豹子出现，以此来核查吉姆所言是不明智的。但是，如果发出警报的是年轻的动物，群体中的成年动物可能会在逃跑之前，检查一下没有经验的年轻动物发出的警报的来源。从现在起的未来 50 年，我们将会发现灵长类动物具有许多基本的人类属性。但是今天，我们正在进行简单的黑白区别，我们必须明白，我们面对的不是一种语言，动物所使用的是一种信号代码。灵长类动物使用的代码就像军事上所使用的密码一样，写在一本书里，一个 5 位数代表一件事，另一个 5 位数代表另一件事，你无法改动它们。为了证明狒狒能以两种不同的方式说同样的话，苏联的任金对狒狒的语言进行了最详尽的解读。[1] 他还写了一篇很有分量的、充满数学知识的论文，但最后的分析表明，虽然狒狒可以在极少的咕哝声和叫声中说出很多东西，它们却只能用一种方式说出任何一件事情。

　　人类语言在许多方面与此不同。也许，通过谈论一些关于所有动物信号中最有趣的信号——沉默，我可以来介绍第一个

1　N. I. Zhinkin, "An Application of the Theory of Algorithms to the Study of Animal Speech: Methods of Verbal Communication between Monkeys," in *Acoustic Behaviour of Animals*, ed. R.G. Busnel (Amsterdam: Elsevier, 1963), pp. 132–180.

区别。夏洛克·福尔摩斯在《银焰马》中曾进行过这样一段对话，格雷戈里探长对福尔摩斯说："你还有其他的事想要我注意吗?"福尔摩斯说："关于狗在夜间发生的奇怪事件。"格雷戈里是一个绝对会掉入这种陷阱的人，他马上回答说："狗在夜间什么也没做。""这才是此事奇怪之处。"福尔摩斯评论道。

现在我们都知道法布尔于 1853 年首次发表的研究成果，实际上，什么都不做是一项相当重要的动物活动。[1] 法布尔观察蚱蜢的时候惊奇地发现，当他一动不动时，蚱蜢们在发疯似的跳来跳去，但它们似乎并没有受到惊吓。每当他移动时，田野里的所有蚱蜢都开始惊慌失措地疯狂跳动。他花了很长时间才意识到原因：当一只蚱蜢即将跳跃时，它会发出一点噪音，为方便起见，我称之为"再见"。然后其他的蚱蜢都知道它要移动了。如果一只蚱蜢在没有进行事先通知的情况下就动了——这就是狗的夜间奇怪行为——其他蚱蜢便知道出了问题。在这里，你见证了一个巨大的选择性优势：被杀死的可怜家伙无法说出"再见"，这实际上是在提醒它所有的邻居"有什么不对劲"。我们在秃鼻乌鸦和其他鸟类身上也发现了类似的信号。你再一次获得了一种机械信号，沉默是一种单向信号，它意味着"危险"。沉默是人类最有趣的反应之一。当然，人类的沉默并不一定意味着危险。现在让我们看看人类语

1　Jean Henri Casimir Fabre, *The Life of the Grasshopper*, trans. A. Teixeira de Mattos (London: Hodder & Staughton, 1918).

言的不同之处。

　　首先，与大多数动物的反应相比，一个人对另一个人发出的信号的反应是相当迟缓的。不像那些跑去采蜜的蜜蜂，我们对信号不会立刻回应。事实上，我们有一个相当长的延迟期。在耳朵输入和嘴巴输出循环中的延迟时间，显然是人类进化相当早期发生的生理现象。这确实是使人类的反应成为可能的第一件事。

　　我们有时会教自己如何做出这种延迟。我的父亲常常对我
31　说："当你真的很生气时，在你说什么之前要数到 20。"最近有人听我说这话后，对我说在他（一个天主教徒）家里，你会被要求首先说一句经文。显然这是另一种更为虔诚的做法，两种教诲都坚持认为，在接收到信息后，为了避免仓促做出答复要做一定的延迟。为什么？因为你生气了。这说明了延迟对人类话语的影响。当我们解释或构建信息时，我们能够将信息从情感内容或情感影响中分离出来。

　　这是人类进化过程中伟大的一步。我们在任何其他动物身上都找不到这方面的证据。（也许除了我的朋友黑猩猩，它似乎在我身后咧嘴笑着说："事情没那么简单。"）我们能够理解信息所表达的内容，并将其与信息所承载的情感冲击分离开来。但动物却不是这样，对它们来说，信息是一个统一的信号。出于自然选择的原因，这是必然的。然而，这个结论是最近才得出的。例如，当蜜蜂的舞蹈首次被发现时，人们说：

"哦，蜜蜂只是兴奋而已。"人们知道蜜蜂在前往花蜜丰富的地方之前会跳舞，认为这只是普遍兴奋的结果。蜜蜂在兴奋时跳舞，但在不兴奋时也会跳舞。它们在准确地跳着"8"字形舞蹈时，指出了蜜源的正确方向，并控制了舞蹈的速度。这舞蹈传递的是所发现的花蜜是丰富还是稀少的信息。当它们发现蜜源不佳时，它们不会跳那么多次舞。在一种兴奋的状态下，你和我这样的人类会出错，比如舞蹈指向了错误的方向，跳得太快之类，蜜蜂们却不会。

这种特别的代码信息不会因情感冲击而失去准确性，这是最重要的。当然，这对动物来说也是一个巨大的障碍，因为这实际上意味着它们根本无法传达信息，而只能传达指令。一个信息，如"狼来了"，可以让你解释它。但如果你不能从信息中分离情感冲击，那么你就不能解释它。这就是为什么我总是把信息和指令区分开来，并且说所有的动物和机器语言本质上都是指令。我的演讲主题"知识与想象之起源"，在动物或机器语言的世界中是难以置信的，因为你无法用这样一种在信息中混杂着情感冲击和指令的语言来传达知识。出于同样的原因，你不能说一种动物有好的风格，另一种动物有坏的风格，因为我们把风格融入我们所说的话中，通过表达中的情感色彩来表现。

人类语言进化的第一步无疑是一种直接的生理上的进化。但是，此后人类的进化很大程度上是由接下来我要介绍的人类进步决定的，这就是大约 200 万到 100 万年前的人类（我的意思是，原始人和史前人类）中出现的预见。

33

我们有明确的证据表明，至少在 50 万年前（最近的发现表明，也许是 200 万年前或更早[1]）就有早期的原始人，他们不仅使用石器工具，而且这些工具实际上是提前准备的。这个奇妙的发现源自奥杜瓦伊的鹅卵石。那里的一些粗糙鹅卵石，来自几英里[2]外的河床，并在住宅中被使用。这是人类特有的巨大发展中最为壮观的迹象之一，人类始终拥有提前预见事物用途的能力。

当然，人类不是工具的唯一使用者。你们大概都看过珍·古道尔（Jane Goodall）和她丈夫拍下的照片，知道黑猩猩会用长棍或长杆戳蚂蚁的巢穴。它们甚至把树枝从树干上扯下来，或者走上一段距离去收集它们。但黑猩猩并没有预先准备好树枝。当黑猩猩看到蚁巢时，它们开始环顾四周，说："拿一根棍子是个好主意。"同样地，加拉帕戈斯群岛中一种达尔文雀族的成员会撕下荆棘并用它们在树皮下面戳来戳去（它们的行为像啄木鸟，但因为只有雀的喙，所以它们需要一些"探测器"来获取食物），这是一种非凡的能力。但是，它们谁也没有花一晚上的时间去四处寻找，为明天准备十几个"探测

---

1 参见 L. S. B. Leakey, ed., *Olduvai Gorge*, vol. 1 (Cambridge: Cambridge University Press, 1965)。

2 1 英里≈1.61 千米。——编者注

器"。"预见力"显然具有巨大的进化优势，以至于有人会说："为什么不是所有的动物都发现并运用'预见力'呢?"但事实是，这显然是一个非比寻常的意外。作为人类，我想我们应该祈祷它不会发生在其他物种身上。

预见力与大脑后来的发展是联系在一起的，也因此造就了人类语言的第二个特征，我称之为"指称延伸"。这是一种运用语言的能力，它不仅适用于现在正在发生的事情，还适用于已经发生的事情或即将要发生的事情。动物信号天生没有这种指称。指称延伸是人类语言的一部分，它与预见力所赋予的高度选择性优势相关联。

请允许我说句题外话，我所提出的文化选择概念与拉马克的观点毫无关系。这很好说明。一旦有了预见力，只要物种中有男人或女人知道如何提前捡石头，那么就有一个明显的优势倾向于这些擅长处理石头的人和有预见力的人。在任何时候，他们要么得到所有的女孩，要么得到所有的男孩;他们有更多的后代;当别人挨饿时，他们还能维持自己的生命。这是一种普通的选择机制在起作用。因此，虽然工具的使用是一种文化现象，但这种文化现象反作用于自身并使自然选择对自己有利。它在语言上的反映之一就是对过去和未来进行的指称延伸。

人类语言独有的第三个特征是内在化。我之前说过，动物的语言在很大程度上指向其族群，甚至可能指向其他物种成员，要么吓唬它们，要么与它们交流，但据我们所知，这种语

35 言并没有指向使用者自身。语言的内在化是一种具有深远意义
的人类现象。

　　我认为这一进步与关于工具使用和工具制作的问题是密切
相关的。想象一个人正在凿一种距今至少有 100 万年历史的石
器。对他来说，每一次敲击都是一次试验，他可以通过观察石
头来判断是否成功。他抛弃那些做坏了的（当然，我们发现的
大多数都是被抛弃的）。他有时也会有模型，模型不仅仅是一
个记录，还是一个蓝图。每种技术工具都有一个非常重要的方
面，即它不仅是一份工具如何制造的记录，还是一份如何制造
其他工具的蓝图。它承载着自身的延伸性、自身的历史，以及
对未来的展望。为了让正在制作工具的人扪心自问自己是否成
功，他必须将语言进行内在化，他必须同自己进行一场内部对
话。这正如当你削东西或站在炉边，而有些地方出了问题时，
你们所有人做过的事情那样。

　　人类在使用语言方面拥有一种完全独特的天赋，即他们与
自己交谈。不论何时，不论何人。此时此刻，你们每个人都在
进行一场内部对话，而其中相当大一部分对话实际上是通过语
词进行的。你有很多无关紧要的想法，关于你今晚要穿什么，
或者你将要去哪里，或者讲座会持续多长时间，但是你没有把
这些想法变成语词，因为它们并不具体。你只是意识到你考虑
了讲座有多长，而没有实际对自己说出来。然而，一旦你对自
36 己说："我想知道黑猩猩是否真的与众不同，或者红毛猩猩是

否与我们相同。"那么，你立刻就会想到一些非常具体的东西，而这些东西在没有语词的情况下是无法思考的。

这引出了我所要讲的第四点，人类具有的另一个天赋，语言学家通常称之为语言的生产力或创造性。由于这个独特的天赋，人们可以说"约翰爱露西"和"露西爱约翰"，至少在像英语这样没有任何外部符号的语言中是这样的，除了单词的顺序与短语的意思不同，它们是难以区分的。现在我们知道了没有一种动物语言可以让你重新排列这些声音并获得新的意义。（我应该警告你，对此还有一点小小的争议。有一些鸟类爱好者说，鸟类的确会重新排列它们的鸣叫声，而且它们的确有不同的含义，甚至还有些昆虫爱好者对昆虫鸣叫有同样的看法。）但总的来说，这种人类语言的结构是独一无二的。

这种语法结构称为分层，这构成了语言的层次，它本质上取决于这个信息可以被分解为 3 个不同的概念，一位叫"约翰"的男人，一位叫"露西"的女人和一个叫"爱"的行为。没有动物会这样做。事实上，它的世界并非如此。这就是为什么抓住"分层"这个概念如此重要。动物生活的世界，是一个与其外界不断交流世界，动物不会将任何行为与外界隔离开来。你可以亲眼看到这是怎么发生的。例如，如果你像狗一样完全靠嗅觉生活，你会发现很难想象（visualize）到底发生了什么。人类以不同的方式解析外部世界。人类将其划分为对象和行为。这是怎么做到的？一切始于语言本身。

《圣经》里有一句很精彩的话，"太初有道"（In the beginning was the word[1]）。现在，虽然这对人类来说是一个非常重要的事情，但对于一般的信息演变来说却是非常不真实的。万物以语句为初始。动物发出的叫声是一个句子，动物不能把它拆开，把一部分先放在后面，然后再放在前面。事实上，当你尝试将鸟类的声音重现，再以不同的方式重新排列组合，形成新的"歌曲"放给它们听时，它们就像初次听到错误乐章的音乐家一样痛苦。动物的信息和人类的语言不同，它是一个句子，当我们像狒狒一样开始说话的时候，我们一定是从句子开始的。发生在人类身上的重大事情是我们学会了把句子拆开。没有人知道这是怎么发生的，这确实是人类语言如何形成的最大的谜团。没有人会相信它会发生，但它确实发生了。

我再给你们举个例子。花栗鼠有 3 种不同的报警信号。其中一种代表来自鸟的危险，另一种代表来自蛇的危险，还有一种代表来自体形较大的地面动物的危险。无论它多么激动，它都能准确无误地发出这些信号，实际上，危险越大，信号就越准确。在花栗鼠的词汇表中，没有任何内容能够将危险的理念与捕食者的个性区分开来。在人类语言中发生的事情是，从危险来自这里，危险来自那里的多种信号中，我们慢慢地概括出"危险"的概念，并将捕食者的概念具体化。通过这种我所谓的"重建"，人类建立了一个外部客观世界，一个不为动物存在的世界。

---

1 word 在英文中有"词语"的意思。——编者注

现在，语言学家和哲学家（例如，维特根斯坦在他后期的作品中）都在诉说我们可以用不同方式排列语词的奇迹。但他们都忽略了问题核心和有趣的地方，即在以不同的方式排列语词之前，一定会有别的事情发生。你必须扪心自问："语词最初是如何从语句中分离的？"这是一个真正的奇迹。在拜占庭马赛克壁画中，当星星落下的一缕星光照入圣母玛利亚的耳朵时，她孕育了耶稣，铭文上写着：太初有道，道成肉身。（In the beginning was the word and the word was made flesh.）至少，它是对上述奇迹的现代诠释。

现在，我们的意识完全依赖于我们如何在这些范畴里看待外部世界。意识的问题来自内在化之外的重构，来自我们能够将自己视为外部世界的客体。这就是语言的本质。没有它，符号系统也不复存在。

我将在接下来的第三讲，尤其是第四讲中来讲述这些难题。它们诞生于我们人类非凡的天赋 —— 我们能够把自己从外部世界中分离出来。我们看到充满客观物体的世界；我们承认它是永恒的；我们摆弄它；我们可以在脑海中把它从"约翰爱露西"重新排列成"露西爱约翰"，而没有人认为这是同一种陈述。我们不可避免地产生了一种自我意识，有时又作为世界中心的客体，心灵和身体之间的笛卡尔式的二元论直接由此而生，所有著名的悖论也由此而生，无论是数学上的还是语言学上的，我都将回到这里。

第三讲

作为算法与隐喻的知识

43 　　让我重述一下，我这六场讲座的大纲实际上是康德早年提出的，目的是建立一种基于人类接受和转化外部世界经验的物理能力的自然哲学。当康德真正开始大规模创作哲学作品时，他放弃了此项事业。

　　在第一场讲座中，我已经表明：即使是我们感官的感知也由机制支配，这些机制使得我们对外界的知识具有高度的推断性。我们不接受未经处理的原初印象。我们的感官印象本身是由神经系统构建的，它们会自动地对所看到的、听到的或感觉到的东西进行解释与构建。与其他灵长类动物一样，外部世界的大部分信息我们都是通过眼睛获得的，不过人类更加依赖视觉。我也说过听觉对我们来说同样重要，因为那是我们获取关于他人大部分信息的方式。

　　因此，我的第二场讲座主要是在描绘我认为的语言和符号语言的合理进化序列。在我看来，只有人类能够创造、内在化与相互交流具有纯粹认知内容的话语。我们将知识传递给彼此，也就是说它并非预编程的指令信息。动物使用的信号大体上来说只是纯粹的指令。

我认为人类语言中的这种认知内容，是从动物信号开始连续不断的过程进化而来的。动物的语句逐渐被分解，所以我们交换的语句中有了语词：这些语词要么代表外部世界的对象，要么代表行动。这种对外部世界的分析与人类语言密切相关。它与人类的视觉想象密切相关，我们通过视觉想象支配和召唤外部世界。

小时候，我的家人希冀把我培养成一个非常正统的犹太人，因此我被禁止说上帝的名字"耶和华"。这种做法和所有那些不能说出某些名字的野蛮群落的做法是完全一致的，因为这些名字给了你力量。人们可以用名字、名词甚至动词来唤起世界，这是一种原始民族所熟知的信念。

因此，意识是我们将外部世界看成对象与行为的分析模式。我在第二次演讲结束时指出，这引发了一个问题——我们也将自己视为对象，因此我们也将语言应用于自身。我们既把自己当作语言的对象，也把自己当作语言的使用者；既把自己当作符号的对象，又把自己当作符号本身。所有悖论都因此而出现，这些困难的悖论可以追溯到古希腊时代并重新出现在现代数学中。在接下来的讲座中，我将关注这些悖论在人文领

44

域和科学领域的使用对符号主义的意义。

45 　　我给你们写两个符号表达式。第一个出自牛顿的工作成果。他说：自然界中任何两个物体都是相互吸引的，引力的大小与两物体的质量的乘积成正比，与两物体间距离的平方成反比。如果只选一句科学家重塑了历史的话，那一定是平方反比定律。路德维希·玻尔兹曼的墓碑上刻有熵的公式——$S=klogW$，假如牛顿可以选择自己的墓志铭，他肯定会选择$F=G\frac{mm'}{r^2}$。现在，我们都明白了作为一个符号表达式，它以某种方式描述了我们经验的结构。

　　现在让我为你写另一个符号性表达，我从威廉·布莱克的《天真的预言》中随机挑了一副对句：

知更鸟儿笼中囚，

花花天堂怒不休。

46 　　这首诗的特别之处在于它似乎没有牛顿公式的形式结构。然而，这是一个高度概括的陈述，在座的每一个人都知道它准确的含义，我指的是完全准确地知道。我的"准确"可能不是你理解的"准确"，但在某种程度上，我们都能从语言和经验中直接地知道"准确"的含义。我想说，每个人都明白这一点，但是，事实上，你们之中有很多人相信$F=G\frac{mm'}{r^2}$。

　　我希望我可以讲述关于"知更鸟儿笼中囚"的一般化形

式，可惜我一次只能做这么多。对于这两种陈述，我想说两点。第一，它们都是一般性陈述，不要相信别人说的"这两句诗只是特殊的陈述"。布莱克的诗歌对我们的吸引力来自它高度的特异性，但这是一个关于人类普遍处境的陈述，而不仅仅是关于一只知更鸟或一个笼子，这是此种表述的奇妙之处。第二，此两者都不是三段论的形式，并不是"所有的 A 都是 B"或逻辑教科书中出现的东西——句子总是被用来描述类（class）。我认为，逻辑教科书上的东西对人类的言语来说是非常陌生的，没有任何科学陈述和诗歌语句是"所有的 A 都是 B"的形式。这就是这两种陈述的共同点。这种符号主义是一种非常活跃的形式。不要被等号所迷惑。实际上，它描述了当你做某事时发生的事情。

在讨论此类科学陈述时，我将把科学视为一种语言。我要说这个公式是语言中的一个语句，所有这些陈述都是语言中的语句，我们构建语言的方式反映了人类语言的进化方式。我应该对此做一个初步的解释，并向你解释科学是一种相当特殊的语言，因为它只包含在特定理论背景下为真的陈述。例如，我们不会说："$F=G\frac{mm'}{r^2}$ 是这种语言中的一个语句。这个语言的另一个语句是 $F=G\frac{mm'}{r^3}$。"科学语言中，$F=G\frac{mm'}{r^3}$ 不是一个语句。

科学语言中的陈述具有简单、描述性的形式。例如，开普勒在 1609 年说过行星以太阳为焦点做椭圆运动并在相同的时间内扫过相等的面积。这是一个相当具有描述性的句子。牛顿

47

写的关于万有引力的句子是一个更抽象的句子，但实际上是总结了开普勒的描述。就今天讨论的目的而言，这并不是一个重要的区别，我将不会赘述。

我们一直在寻找一种模拟或反映现实结构的科学语言。问题是，它是如何做到的？我的主张是，通过将句子分析成表征外部世界中可分离实体（事物或行为）的成分，这与人类语言从动物语言进化而来的方式完全一样。因此，科学不断地在描述性句子中寻找可分离的实体，这些实体在外部世界中被感知，或者更经常的做法是，必须在外部世界中进行推测性推断。

现实的结构与科学语言的结构都不是不证自明的。当维特根斯坦在第一次世界大战期间撰写《逻辑哲学论》时，他认为你可以或多或少地用日常语言来创造出一种可能以某种方式给你提供现实结构的语言。他说，"我爱你"和"我恨你"具有相同的结构，这一事实告诉人们这种关系的一些信息，这种关系是建立在语法中的。现在，这种关系确实已建构于语法中，但是为了展示其结构，我们必须得到一种非常专门的语法，即卡尔·皮尔森（Karl Pearson）准确称呼的科学语法。

在第二次世界大战期间，克雷克试图证明神经系统实际上模仿了我们大脑中的结构，这同样是一个失败的尝试。[1] 不，

1　K. J. W. Craik, *The Nature of Explanation* (Cambridge: Cambridge University Press, 1943).

当我们把观察性的语句变成抽象性的语句时，我们必须从观察性的语句中梳理出结构。我们怎么做呢？用莱布尼茨的话来说，我们本质上是把自然当作一个巨大的密码，一个巨大的编码信息序列。我们试图以这样一种方式来解码它，即实体在各种变化和转换下得以保存。

质量就是这样一个实体。牛顿无法定义质量；在某种意义上，没有人能定义质量。实际上，你可以说，从牛顿到爱因斯坦的重要一步是，爱因斯坦是第一个为困扰牛顿的问题给出了一个解释的人，那就是为什么重力质量和惯性质量是相同的质量。当然，我们都知道质量是什么，当我们要一磅黄油时，我们知道自身的想法。但这是一种在语言发展过程中出现较晚的知识。顺便说一句，它在儿童发育过程中也出现得较晚。当你把液体从一个细高的烧杯里倒进一个矮粗烧杯里，并对他们说："这是等量的液体吗？你想要哪一杯？"4 岁以前的孩子总是表现得非常困惑。而毫无例外，孩子们会说他们想要细高的烧杯中的橙汁。如果你问他们"为什么？"他们说："这个更多。"然后，如果你说："这个并不会更多；我可以把它倒进去，也可以倒回去。"他们可并不会被说服。为何如此？当你把橙汁从一个细高的烧杯倒进一个矮粗的烧杯里时，橙汁仍然质量不变，为何孩子们要将之视为自然法则？这是一个真正的定理。

我提到这个定理只是为了提醒你们，我们对外部世界的所

49

有偏见都建立在科学语言之上。然后，当有人表明整件事是无稽之谈，我们把偏见强加于此时，我们总是大吃一惊。如果你在 1900 年对别人说："如果我站在赤道上，我的表能跑得比站在北极上快吗？"每个人都会说："别瞎想！只有孩子才能想到那种事情。"1905 年，爱因斯坦写了一篇如上所述的论文，得到所有人如下夸赞："这真是不可思议。他有孩子般的视角。"事情就是这样。

让我再举一个例子。r 是两个质量体之间的距离吗？从理论上讲，你可以将 1 英尺 [1] 放大到 10^9 倍，然后说："我们已经证明了这一点，这就是地球与月球之间的距离。"这当然正确，但你不能以这种测距离的方式进行天文学研究。有趣的地方在于我们如何再次从自然密码学中提炼出这些概念。

让我告诉你有关这一构想的最美丽、最简单的实验。它是由一个叫奥尔伯斯的人构思出来的，被称为奥尔伯斯佯谬，已有 100 多年的历史。[2] 奥尔伯斯说："星体遍布于空中，毫无疑问，它们向太空输送着能量。现在我们可以假设宇宙相当古老，因此它已经到达某种平衡的稳定状态。如果宇宙恒稳，那么宇宙中的每一个物体都处于一种恒稳状态，从恒星辐射到宇宙的能量必须与反射回来的能量完全相等。"所以奥尔伯斯说：

1　1 英尺 =30.48 厘米。——编者注

2　Wilhelm Olbers, "Ueber die Durchsichtigkeit des Weltraums," *Bodes Astronomisches Jahrbuch* (1826), pp. 110–121.

"很明显，如果事情真的如此，我们的夜空应该像白昼一样明亮，因为所有的能量都处于平衡状态，不应该出现局部干扰。那么，我们怎样才能解决上述问题呢？"[1] 事实上，当时无法解决它。它的唯一可能解释是，宇宙相当年轻以至于仅仅处于恒稳的初始状态，但这似乎有点让人难以置信。

我们是如何解决上述问题的？为什么我们现在说它可以理解？一切是因为邦迪（Bondi）提出了如下出色的论点："恒星正在向太空输送能量，所有的能量都应该返回。一切都应该好好地混合在一起，就像浴缸里的热水和冷水一样。如果它没有返回，它会去哪里呢？它必须进入一个比它起源的空间更大的空间。"邦迪说："我们可以做一个非常简单的实验。我们可以假设宇宙有 3 种可能的状态：它可能在收缩，可能静止，也可能在膨胀。如果它在收缩，那么夜晚应该比白天更亮，因为仅仅从环境中吸收的能量就应该比太阳实际提供的能量要多；如果它是静止的，那么黑夜和白昼也应该是同样明亮的；如果宇宙在膨胀，那么夜晚应该是黑暗。"我邀请你今晚进行这个实验。走出去看看，当你观察到夜空是黑暗的时候，你就已经做了表明宇宙正在膨胀的基本观察。

1　如果宇宙恒稳、无限大、时空平直，其中均匀分布着同样的恒星，由于恒星的照度与距离的平方成反比，而一定距离上宇宙内的恒星数目和距离的平方成正比，那么这些恒星发出的光将充满整个宇宙，黑夜的天空应当是无限亮的。——译者注

　　我们至少在 100 年前就得到了如上的解释，但是直到人们用非常昂贵的实验来分析红移等，才有人愿意相信这种解释。但请大家注意"膨胀"这个词。这是什么意思？这意味着我们在这个宇宙中，我们与其他星系之间的距离一定会越来越大。我们有什么方法可以实际测量它吗？我们当然没有。我们之所以能这样说的原因是，我们在编写"质量""辐射"和"距离"的整个语言中定义了诸如"距离"之类的东西，使得所有这些东西共同成为一种统一的语言。关于自然的事实是，当你用问题挑战她的时候，比如奥尔伯斯佯谬，凭借她从不欺骗的这一事实，你将得到她给出的具有一致性的答案。

　　如果我们以这种方式看待外部世界的知识，那么我们正在构建一种具有 3 个特征的科学语言。首先，符号代表概念或推断实体，它们具有这些句子中语词的特征。其次，有一种语法告诉我们这些东西是如何组合在一起的。例如，$F=G\frac{mm'}{r^2}$ 是一个合乎语法的句子。但如果你不写 r^2 而写 r^3，那就不符合语法规则了，这句话在该语言中是行不通的。最后，还有一本翻译词典，它把这样的句子和确定月亮公转周期这样的特殊问题联系了起来。

　　毕竟，当牛顿想到 $F=G\frac{mm'}{r^2}$ 时，他做的第一件事就是计算月亮的公转周期。当他把这个事告诉管家的时候，他谦虚地说："我觉得差不多可以回答了。"他把月亮公转周期定为 28天，所以他觉得 r^2 是正确的。这正表明了科学语言的 3 个特征：语法本质上是公理所规定的执行规则；翻译词典本质上是我们将语句应用于我们的共同经验的方式；符号或概念是密码的解决方案。

让我给你一个不同类型的句子：

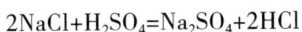

$$2NaCl+H_2SO_4=Na_2SO_4+2HCl$$

在 17 世纪，格劳伯先生制作了格劳伯盐。大约 100 年后，我们学会了用以下形式写出它的反应：如果你将盐与硫酸混合就会得到格劳伯盐和盐酸。现在，如果你真的去读格劳伯的描述，其中充满了像"盐酸"这样的词语及其他一些我恐怕已经忘记的精彩短语，你肯定不会意识到它是同样的反应。为什么？因为你已经提取到了代码，其中 NaCl 是你所说的盐，H_2SO_4 就是你所说的硫酸。当然，整个事情已被翻译成一种类似摩斯密码的代码。它所解释的是，这里的钠原子是一种元素而盐酸不是一种元素 —— 这个事实在汉弗莱·戴维（Humphry Davy）的时代备受争议。用代码梳理出基本符号，我们通过这样做来解密（自然）。如果你现在把它写成它的化合价和自由电子等形式，那么你将把刚才的代码逐步分解为我们现在拥有的核过程的代码。这就是为什么我说我们正在创造语言。我们通过和自然进行问答挑战来创造符号，这些符号给了我们关于我们将要分解的世界的真实陈述。

我再次重复之前说过的话是因为要提醒你：语法与解释有
54   关，字典与描述有关，而符号与我们整个意识中充满的概念有
关。但对我们大多数人来说，唯一的证据就是有人在讲座中告
诉我们，或者在教科书中是这样说的。像氢和氦、核过程、生
物抑制、心理抑制等已成为我们词汇中的新词。但它们的存在
归功于此类陈述的解码。

我一直在给你们一个关于我们如何实践科学的高度个人化
的描述。显而易见的问题是，"是我们在创造整个世界吗？"你
可能会对我说："你不就是一个彻底的唯心论者吗？你真的认
为没有任何原子吗？"我之前谈到了玻尔兹曼和他墓碑上的铭
文。他在抑郁中自杀。为什么？因为他无法说服他的同事，原
子是真实存在的。在你看来，这似乎并不能夺走你的生命，但
对他而言就可以。令人唏嘘的是，如果他再坚持一两年，他所
有的同事都会被说服。

那么，原子是否真实存在？如果原子是真实存在的，那么
电子是否真实存在？当我们进行解码时，我们是否发现了自然
界中的某些东西？我们是在创造我们用来制造科学的概念，还
是概念一直隐藏于其中？这是一个极大的理性分歧。这也是一
个相当情绪化的问题。例如，世界上有两种人，一种以成为机
器而自豪，另一种以成为机器而愤怒。这个世界上确实有两种
55   人，一种人认为我们对自然的分析是一种个人的、极具想象力
的创造，另一种人认为我们只是发现了已存之物而已。

在联合国教科文组织编纂的历史书中，我负责撰写了关于 20 世纪科学的那一章。[1] 如果你读了它，你会发现它的背后有一条流光，就像彗星的彗尾一样长，上面写着年轻的苏联科学家的激烈异议："这是唯心论，这个人不相信原子是真实的。"诸如此类。这些问题并非空谈。想象一下，在 1867 年，100 年前的那一刻。假设你当时问自己："这是真的吗？牛顿的万有引力是真的吗？"每个人都会说："当然。"牛顿在 1687—1688 年发表《自然哲学的数学原理》后不久，三一学院伟大的古典学者理查德·本特利（Richard Bentley）请求牛顿允许他就神圣的天意（Divine Providence）做一些布道。[2] 这些布道的力量在于我们明白了什么是神圣的天意，因为这真的是万有引力。当然，我在某种程度上简化了本特利的布道。但关键是，人们当时以某种方式理解了上帝的运作方式、自然的运作方式，从而使本特利印象深刻。从牛顿时代到 19 世纪末，每个人都被这种方式说服了。

每个人都相信，从牛顿时代起我们就已经理解了科学的伟大真理，而我们现在所做的就是充实细节。19 世纪末，有一

56

1　J. Bronowski, "The New Scientific Thought and Its Impact," in *History of Mankind: Cultural and Scientific Development*, vol. 1, pt. 1, edited under the auspices of UNESCO by K. M. Panikkar and J. M. Romkin (London: Allen & Unwin, 1966), pp. 121–165

2　Richard Bentley, *Sermons Preached at Boyle's ...* (1692) (London: Frances Macpherson, 1838).

些物理学家非常愿意说：没有必要产生另一个牛顿，因为没有什么比万有引力更基本的东西，可以让另一个牛顿去发现。毕竟，他们有亚当斯（Adams）和勒维烈（Leverrier）发现一颗无人观测到的行星的绝佳证据。亚当斯和勒维烈完全预测了它的存在，他们观察到的扰动只能通过另一颗行星的存在来解释，并且这颗行星确实存在。

从那时起，世界就在我们的耳边轰然倒塌。几乎没有一种科学理论在 1867 年被认为是最基本的，而今天还被那么看。我们经历了一个美妙的世纪 —— 最令人惊叹的新发现，犹如精彩的烟花表演般五彩纷呈、层出不穷。它们不是肤浅的发现，而是从根本上改变了我们对自然的整体认识的发现。1899年，当马克斯·普朗克无法使连续性方程与他的同事关于黑体辐射的实验相匹配时，他最终下结论说辐射来自不连续的团（lump）。那天下午，他像往常一样带着他的小儿子散步时，他对小男孩说："我今天有了一个和牛顿一样深刻的发现。"这是非常有预见性的话语。对他们父子俩唯一可悲的事情是，跟随父亲散步的小男孩后来被纳粹杀害，因为他参与了 1944 年企图暗杀希特勒的密谋。

57　　　从普朗克发表这一声明的那一刻起，我们就一直对曾经公认的观点感到不安。$F=G\frac{mm'}{r^2}$ 不再被视为自然界中终极实在的图景。1905 年，爱因斯坦发表了第一篇关于相对论的论文，这篇论文在一夜之间就清楚地表明牛顿的概念存在问题。

1915—1916 年，他发表了关于广义相对论的著名论文，取代了牛顿关于时空的基本几何观。如果用几何术语来对爱因斯坦的观点进行解释，简单地说，他是在说两个质量（物体）互相吸引，是因为它们在时空中形成凹陷；那些凹陷使它们倾向于往一起运行，就像你将两个铅球放入一碗胶状物中一样。这是一个根本不同的世界观。它实际上是对相同的句子做出了根本不同的解码。如果不存在错误的表述，没有人会把牛顿赶出科学殿堂。如果水星的近日点仍然停留在原来应该所处的位置，没有人会对曾经公认的观点感到非常困扰。

当然，新理论总是比旧理论包含更多的效应。但值得注意的是，当它被发现时，它也完全改变了我们对世界运转方式的看法。那么，解码都是一种虚构吗？万有引力也完全是一种虚构吗？爱因斯坦的相对论现在也被看成是虚构的吗？它现在可没有刚发表时的好名声。我认为这是一个非常重要的问题。在这样一个听众并非完全由专业科学家组成的场合，我认为这是一个特别重要的问题。

现在，在这个房间里的每个人，我都相信是真实的。我真的相信你们都在这里。此外，我相信你的血液正如哈维所描述的那样循环，而不是以盖伦所说的方式。换句话说，我相信所有我们做出的关于彼此的科学描述都是完全真实的。然而，我相信，作为人类的我们，在任何时间点所做出的任何理论都充满了暂时性的解码，这在某种程度上与牛顿构建的关于力的理

58

论一样是虚构的。为何如此?

　　我的答案如下：世界是完全相连的。也就是说，宇宙中任何地方的事件都与宇宙中的其他事件相关联。在某种程度上，我认为这是一种形而上学的陈述，尽管你们会看到，在下一讲我的进一步阐述中，它具有比这一陈述更具实际意义的内容。但我要重复一遍：我相信世界上的每一个事件都与其他事件相关联。但是，你不能把科学建立在每一事件相互联系的假设之上。即使你给计算机设置一个简单的问题，如下一盘好棋，假设计算机真的去计算每一步的结果，它也会无可救药地崩盘。因此，对于任何实验而言，其领域都被划分为：我们认为相关的东西，以及为了该实验的目的，我们认为无关紧要的东西。这是科学方法论的重要组成部分。

59　　　让我们做一个简化。如果你愿意，我们将实验置于一个盒子里。现在，当我们这样做的时候，我们就切断了世界上的联系。我们可能拥有世界上最好的理由。我可能会说："好吧，来吧，我真的不会认为天狼星的光会影响这个测微计的读数!"冒昧地说，虽然我可以用肉眼清楚地看到天狼星，虽然天狼星的光影响了我的视杆细胞和视锥细胞，但它不会影响实验。因此，如果我用另一个犹太法典式的话语对此说明，即我们总是去限制法律，限制我们试图想要梳理的自然法。我们不得不说："为了这个实验的目的，盒子外面的一切都被认为是无关的，里面的一切都被认为是相关的。"

　　现在我得到一组答案，我试图在这种背景下进行解码。我的做法当然不会让世界变得正确，因为我所做的关于将世界划分为相关和无关的基本假设实际上是一个谎言。在事物的本质上，它只能给我一个近似于围栏内的东西。无论我将其视为一种统计近似，还是我得出其他一些概念，我所做的事情都不会超过世界的总体背景。因此，当我们实践科学时（我们所有的经验都是如此），我们总是在解码部分的世界。我们根本无法摆脱自身的有限性。

　　这样的解码方式肯定会导致好的法则。如果我们判断的不相关的东西确实不是非常相关，那么它们就是好的法则。但这并不意味着这些法则会给你关于世界的概念性图景。在本质上，在过去70年中我们之所以对世界的概念性图景做出如此巨大的改变，原因在于我们不得不进一步推进相关领域的界限。每次我们这样做的时候，我们都要彻底地修改图景。现在没有任何东西可以帮助我们解码。我们必须采用相同的方式去做这件事，此方式与我们在人类语言中创造词语时所使用的方式相同——通过纯粹的想象行为来实现。

　　最后让我聊聊牛顿在构想 $F=G\frac{mm'}{r^2}$ 的那天实际所做的事情。他对自己说："如果我向上扔球，它会往下掉。如果我用力扔它，它就会掉落于远处。如果我更用力地扔它，它就会掉落于更远处。因此，我必须用足够大的力气使其完全落在地平线上，然后才能遍及整个世界。"这充满了关于地球是圆的、球是如何运动的等假设，但这是一个极好的、极富想象力的构想——一个关于可视化的精彩片段。牛顿看到了这一切。他绘制了一幅令人满意的图式。球将一路跌落于世界各地。此过程需要多长时间？这很容易计算，大约 90 分钟。

当然，在 1666 年，当牛顿想到这一点时，没有人愿意制造昂贵的仪器，以便派人环游世界，看看球是否能在 90 分钟内回来。这个实验是留给我们这代高度智能化的人去实施的。牛顿没有收到任何补贴、补助金、基金和特勤局的钱，但他有月亮。他想：当然，我不能把球扔到世界各地，但现在让我把月亮想象成一个球，好像它已经被抛离世界——在 25 万英里的高空以上，但它仍然在那里。绕地球一周需要多长时间？现在问题更难了。他知道地球表面的重力值，所以能很容易计算出球的重力值，但他不知道月球的重力值。他想：让我们假设它是由平方反比定律给出。现在，月球绕地球一周需要多长时间？它在第 28 天出现。牛顿会说：它们几乎达成了一致。

现在我们有了一种极富想象力的观念，我们将它置于自然法则之中。如何？我们把它从宇宙的其他部分隔离开来，然后说："这是有价值的部分。我不考虑火星等等造成的干扰。"当然，牛顿的思想是一个庞大的体系。实际上，你永远不会听到牛顿说"其结果是对的""它们几乎达成了一致"。他没有忘记火星、金星，以及所有扰乱结果的事物。

现在，我们由此看到从隐喻到算法的路径。当牛顿把月球看作是一个抛离地球的球时，他开始了一个巨大的隐喻。当它完成时，它是一个可计算的形式，它是一个算法（你可以用来计算的公式）。这就是从隐喻到算法的路径 —— 从布莱克的短语到牛顿的公式，每一个科学理论都必须遵循该路径，因为它是世界整体经验中属于人类的经验，排除了世界的部分联系。

我将在下一讲中解释，当我们施加一种理论时，我们应该重视我们所打破的联系，以及这种观点为什么通过对应关系（在字典层面上）和连贯性（在语法层面上）的匹配而成为真理。这是哲学的核心问题之一。但我也会从大脑的角度来讨论世界的内部和外部是如何联系在一起的。

我不想在没有和你们说说最后一个隐喻的情况下结束今天的讲座，因为我想让你们知道我们对世界的看法总是受到我们引入的隐喻的影响。牛顿有苹果和月亮；但是在牛顿之前，开普勒已经有了万有引力的想法。

开普勒写过一本关于月球之旅的书，他在书中写道："地球的引力不会停在山顶上（这也是同时代的大多数人的想法），地球的引力会继续作用于月球。"[1] 这可真是一个很妙的想法。随后开普勒问自己："它如何下落？"对此，他有一个奇怪的主意。开普勒说："如果是一个开放的空间，当然，它会

62

---

[1] *Somnium, Sive Astronomia Lunaris*, composed c. 1609, published posthumously (Sagan and Frankfurt, 1634). English translation by P. F. Kirkwood in J. Lear, *Kepler's Dream* (Berkeley: University of California Press, 1965).

像光一样掉落，其速度为距离的平方。但是你会发现，地球处于围绕太阳的平坦轨道上，所以太阳的力量只在平面上散布，因此，重力可能只会如此下降。"在这一点上，他错了。但让人感兴趣的是弄明白他为什么错了。

他掌握了错误的隐喻。在这背后隐藏着一个非常奇特的古老隐喻。为什么开普勒会认为物体之间会相互吸引呢？这点很难追根溯源。但据我们所知，转向了神秘主义的开普勒［我刚才引用的开普勒的话，就出自名为《神秘天体》(*Mysterium Cosmographicum*) 的书］，很可能是受到了一位被称为库萨的尼古拉 (Nicholas of Cusa) 的新柏拉图主义者的影响，他认为世界上所有的物质都相互吸引。[1] 库萨的尼古拉似乎是从 5 世纪的一位冒名顶替者那里继承了这种新柏拉图主义的思想，后者是一位自称是亚略巴古的丢尼修 (Dionysius the Areopagite) 的教父。5 世纪，亚略巴古的伪丢尼修（正如我所说的那样，他并不是他自称的那个人）提出了以下观点。他说："上帝的爱是普世的；它渗透整个自然界，进而，它也渗透所有的物质。因此，上帝的爱不仅吸引每一物质，而且每一物质都必被其他所有物质所吸引。"

1　关于开普勒的神秘主义，可参见 W. Pauli, "The Influence of Archetypal Ideas on the Scientific Theories of Kepler," in *The Interpretation of Nature and the Psyche*, trans. P. Silz (New York: Pantheon, 1955)。

第四讲

自然之法与法之本质

在我的第三次讲座上，我说科学是一门语言，它的构建
方式与我所认为的所有人类语言的进化方式极其相似。在破译
自然密码的过程中，我们得到了一种由三种实体构成"真之语
句"的语言。作为破译的结果，我们从中挑选出推断的实体、
单位或概念，对于它们的存在，我们没有直接的证据——引
力就是我举的一个例子，还比如质量、电子、阻聚。这些是在
语言中演变而成的基本词，就像在任何人类语言中已经演变成
为关于对象和行为的词一样。科学语言的句子是由语法组织在
一起的，语法告诉我们可以把某个单位放置于何种语句之中。
我举的例子是任何两个物体引力的大小与它们的质量的乘积成
正比，与它们的距离的平方成反比，对此你可以说的句子是
$F=G\frac{mm'}{r^2}$。如果你把 r^3 放在分号下面，你就不能用此种语言说
同样的句子。这就是语法。

　　语法由解释性语句组成。这些语句通过翻译词典翻译成实体，告诉我们如何真实地测试、确认和感知事实。例如，在任何特定的情境下，这样的句子都可以翻译成发生的动作。在实验室里，你把两个带电的球体放在一起，由此产生移动，这就是那句话的物理翻译。有一本词典告诉我们如何把它翻译成现实世界发生的事。语言就是如此。

　　接着我可以问：（科学）语言中的东西是真实的吗？所推断的单位是否存在？电子存在吗？让我们选取一个不太可能（存在）的粒子。中微子存在吗？然后，解释性语句正确吗？（科学语言的）语法正确吗？牛顿公式是正确的句子吗？它真的说明了质量是如何起作用的吗？我请你们注意这样一个事实：虽然牛顿的公式在写出来的时候似乎是正确的（基本上是在 1666 年），但在 1966 年又似乎是错误的，因为其他解释取代了它。这是如何发生的呢？

　　你们应该还记得，我曾相当生动地指出，在过去 100 年中发生了一件不同寻常的事情：科学一直在不断地修正解释，并以最激进的方式发明新的推论或基本单位。我记得布莱克特（Blackett）曾经对我说过他在阅读一篇关于一个新的基本粒子的论文时发生的事。那篇论文是关于两个新的基本粒子的。他有些尴尬地对我说："我们真的尝试在每篇论文上只写一个新粒子。"你们还记得我在黑板上写了格劳伯盐的化学方程式。但是，为了庆祝汉斯·贝特（Hans Bethe）在我演讲后获得了诺贝尔奖，让我们考虑另一组方程式：

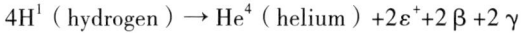

$$4H^1（hydrogen）\rightarrow He^4（helium）+2\varepsilon^++2\beta+2\gamma$$

这个公式稍微简化了一点（不要只看它现在的样子），但它实际上是在说氢变成了氦。这涉及推论的单位：没有人见过的氦原子。但除此之外，贝特在 20 世纪 30 年代发明了一种语法来解释该化学方程式是如何成立的；通过碳原子，它经历了 4 个步骤。[1] 这曾是一种全新的解释性语法，但它不是我们现在研究语法的主要方式。现在，关于这一现象的主导方程的写法大不相同，贝特描绘的步骤不再被视为唯一的步骤，甚至不再被视为最重要的步骤。这是怎么回事？

对此，我有一个激进的答案 —— 这源于我们的解释都不是真的。从某种意义上来说，我们没有终极真理，因为我们必须"切割"宇宙才能进行实验。我们必须决定什么是相关的，什么是不相关的。我认为宇宙是完全相连的，每一个事实都对另一个事实有一定的影响，你做的任何"切割"都是一种便捷

69

1　1）$C^{12}+H^1 \rightarrow N^{13}+\gamma$
　　　$N^{13} \rightarrow C^{13}+\beta$
　　2）$C^{13}+H^1 \rightarrow N^{14}+\gamma$
　　3）$N^{14}+H^1 \rightarrow O^{15}+\gamma$
　　　$O^{15} \rightarrow N^{15}+\beta$
　　4）$N^{15}+H^1 \rightarrow C^{12}+He^4$

的简化。从本质上说，这是一种曲解，而你现在解码的只是全部句子的一部分。因此，你的解码显然不可能完全正确。尽管你能不断地得到近似正确的答案（随着方法的进步，答案会越来越精确，因为你需要排除的东西越来越少），但原则上我们不可能有最终的解释，这点不足为奇。这涉及建立一个实验，在其中，我们需要从上帝视角来感知整个宇宙。

70

　　我不认为存在自然的上帝视角，也不认为存在真理——这类可获得的真理。对此我的看法是，虽然宇宙完全相连，但我们不能从自身的有限性中解脱出来。因此，我们通过一种极富想象力和创造性的猜测来进行解码。而我们最后完成的只是对我们正在解码的那部分宇宙的巨大隐喻。

　　因为这是我三周以来一直在讲述的内容，所以我再次提及。今天，我将在数学定理这种更严格的语境中来考查它。我要讲的数学不是一个抽象的系统，而是一种从宇宙中提取东西的形式语言。当然，当提及这一点时，我们已经明显地做出了"切割"。我们只讨论能用数学方程表示的东西。数学是有史以来最强大的科学工具，从希腊时代开始，尤其是在过去的300年里，它取得了巨大的成功。如果我在之前演讲中所说的为真，那么它应该反映在数学定理中。现在，数学很清楚地展示了这种结构：推论的单位（例如，理想点并不是真正的点）和一种称为公理系统的解释语法。除非你决定将其应用于现实世界，否则它不会展现为一部翻译词典。

现在，我们把数学看作由概念或推论的单位，通过语法
的建构而形成的一个公理系统，该系统最初是由希腊的和亚历
山大的伟大数学家发明的。欧几里得早已知道许多过去的
难题。例如，欧几里得时代的人们已经知道，平行公设（在
英国，它有时被称为平行公理）存在问题。虽然这一疑问在
2000多年里没有得到解答，但希腊人知道这件事。他们不把
平行公理称为"公理"，他们把它称为"公设"。希腊人相信
一些数学公理不像其他公理那么确定，这是科学文献中非常有
趣的一点。他们为公理的完备性和一致性而烦恼。

但是，一切似乎都很顺利。19世纪90年代末，伯特
兰·罗素写了一本关于几何学基础的著名书籍，并因此成为
三一学院的一员。然后在1900年，他开始撰写关于数学的伟大
著作，这在某种程度上构成了20世纪的整体观点。因此，让
我从罗素的自传中读给你们听他在1900年夏天所感受到的事
情，当时一切似乎都很美好——活着就是天堂。[1]

罗素回忆说，1900年夏天，他去参加一场会议，在会上
他认识了皮亚诺（Peano）。虽然皮亚诺的方法早已为他所熟
知，但在此之前，他从未真正对皮亚诺的逻辑符号感兴趣。然
而，在那个时候，罗素意识到这是一条很好的线索，于是他回
家，花了整个夏天的时间去阅读其著作。

71

72

---

[1] 所有相关引文都摘自《罗素自传》第一卷，商务印书馆，2002年1月第
1版。按英文略有改动。——译者注

　　我逐渐清楚地了解到，他（皮亚诺）的符号正是我多年来一直在寻找的一种逻辑分析工具，通过研究他的著作，为我长期以来想做的研究工作提供了一种强有力的新技术。到8月底，我已经完全掌握了他的学派的所有工作。9月份我将时间用于将他的方法推广到关系逻辑上。现在回想起来，整个9月对我来说，每一天都是那么温暖而阳光明媚。

　　我认为这是一个美妙的段落，可以让你了解罗素当时的工作进展情况。当然，你可能从来没有注意过天气，但一切似乎都很好。

　　怀特海一家和我们一起都住在费恩赫斯特，我向怀特海解释我的新思想。每天晚上我们都进行讨论，最后总是碰到某些难点，而每天早上我总发现前一天晚上碰到的困难在我睡觉时已经不成问题了。当时真是智力迷狂的时刻。我的感觉就像在雾中登上顶峰，突然间云消雾散，一切豁然开朗，从各个方向上都能见到40英里之外的村庄。多年来我一直致力于分析数学的基本概念，例如序数和基数。突然，就在这几个星期中，我发现了那困扰多年未能解决的问题的最后答案。在发现这些答案的过程中，我引

73

入一项新的数学技术，通过这项技术，以前留给哲学家任其暧昧不明的思想去发挥的领域都可以由精确的公式来征服。从智力上说，1900年9月是我一生中的顶峰，那时我可以对自己说，现在我终于做了一些值得做的事，而且我感到，在我把著作写出来之前，必须格外小心，别在街上让车撞了。

接着，他开始写作，几乎写完了这本书。他希望在新年前完成（他把1901年1月1日算为20世纪的开始，他想在旧世纪完成这本书）。然后他遇到了一个困难：

在春季学期结束时，我和艾丽丝（罗素当时的妻子）回到费恩赫斯特。我着手写出数学的逻辑演绎过程，这后来成为《数学原理》。我想这工作行将结束，可是5月份我在心智上遭受挫折，就像2月份情绪上的挫折那么严重。康托尔曾证明过最大的数不存在，而我似乎觉得世界上所有事物的数目应该是可能出现的最大的数。据此，我颇为仔细地检查他的证明，试图把它应用于所有存在的事物的类上。这就使我考虑到那些不是它们自身元素的类，并提出问题，所有这种不是它们自身元素的类构成的类是否是它自身的元素。并且发现答案不论是肯定还是否定都导致矛盾。一开始我以为我也许能轻而易举地克服这个矛盾，说不定在推理过程中有某种微不足道的错误。可是，我渐渐明白情况并非如此。布拉里－弗替已经发现类似的矛盾，通过逻辑分析显示出这个矛盾同古希腊关于克里特人埃庇米尼得斯的矛盾极为相近……一个成年人在这类无聊的事上花费时间似乎太不值得，但是我能做什么呢？一定有什么不对头的地方，因为在通常的前提下，这种矛盾是不可避免的。不管无聊与否，它是一个挑战。1901年下半年，我以为解决它不会很难，但是快到年底我得出结论，这是个大难题。于是我决定先把这个问题搁置起来，继续完成《数学原理》。秋天，我和艾丽丝回到剑桥，因为剑桥聘请我讲两个学期的数理逻辑，这个演讲包括《数学原理》的大纲，但是我还没有任何处理这些矛盾的方法。

为了避免你认为智性生活中的这场灾难是他唯一的问题，我再读下面几句话：

> 大约在这些讲课结束的时候，我们同怀特海一家住在格兰切斯特的米尔豪斯，我遭受了一次前所未有的重大打击。一天下午我骑自行车外出，当我正沿着一条乡间小路骑行时，我突然真正意识到，我不再爱艾丽丝了。

现在，我已经做了相当广泛的引用，因为我们有时候认为，试图使数学精确化的所有问题都是近些年出现的；比如，自 1931 年哥德尔以来。而罗素在 1901 年 5 月的困境证明了事实并非如此。

罗素一直试图证明，所有的数学（也就是我们对数字进行的所有语法操作）都可以作为简单的逻辑运算来进行分析。你可以处理无穷小、类、极限、群论——一切都可以解决。现在，他发现事实并非如此，尽管他设计了各种方法。事实上，我刚刚读的罗素自传段落是他 1900—1901 年的生活片段，但他与怀特海一起所著的《数学原理》直到 1910 年才出版，这表明连他自己都不满意自己发明的类型理论。

不久之后，大卫·希尔伯特（David Hilbert）把事情解释得更加明白。他说："我们必须回答如下问题。是否我写下来的任何合理的数学命题都能在数学公理中证明为真？"让我举个简单的例子。假设我问："每个正整数均可表示为至多 4 个整数的平方和？"关于此问题的答案："是的，我可以证明。"而假设我问："任意偶数都是两个质数之和吗？"[1]关于此问题的答案："这是 200 多年前首先由哥德巴赫提出的一个假设，到今天还没有人知道它是对是错。"你可能会说："这太荒谬了；你只需要检查每一个偶数就可以检验这个定理了。"（这是对

75

76

1　原文如此。哥德巴赫猜想正确表述：任一大于 2 的偶数都可写成两个质数之和。——编者注

的！我的意思是，这绝对是你会做的。）

　　但总的来说，所有数学都会涉及此类行为，即寻找捷径。例如，如果你想证明每个正整数均可表示为至多 4 个整数的平方和，你很快就会发现你所要做的就是把这些数分类成质数和非质数，然后，你首先证明它对所有质数都成立，然后证明如果它对任意两个质数成立，它对它们的乘积也成立。这就是你找到的捷径。

　　至于希尔伯特提出的问题，我的同事在 20 世纪 30 年代以否定的方式回答了"有没有能找到捷径的一般步骤"。这是个好问题。如果你看地图，就有一个找到捷径的步骤，但如果你看数学，就没有这样的步骤。我们可以把 1936 年图灵证明的定理作为典型代表，简单地说，该定理是在说你不能确定证明何时出现。[1] 你可以继续把偶数加起来，你可以继续检查它们是否是两个质数之和，但绝对没有办法提前说什么时候你会遇到一个不是这样的，这样你就否定了这个定理，或者你是否曾

---

[1] A. M. Turing, "On Computable Numbers, with an application to the 'Entscheidungsproblem'", *Proceedings of the London Mathematical Society* 42 (1937): 230-265。对某一类问题，如果能找到一组确定的规则，按这组规则，当给出这类问题中的任一具体问题后，就可以完全机械地在有限步内求出结果，则说这类问题是可计算的。这种规则就是算法，这类可计算问题也可称为存在算法的问题。这就是直观上的能行可计算或算法可计算的概念。图灵强调可计算数一定要由机器写下来，这是因为机器能得到的最后结果一定是确定的，以此倒推机器的算法步骤关系，这是图灵的思想实验最关键的一步，由此揭示了机械步骤的实时性本质。这正是算法这个直觉概念所隐含的一个本质，也是图灵机的本质特征。——译者注

经证明过。

　　因此，希特勒的……我很抱歉……希尔伯特（我向伟大的大卫·希尔伯特道歉）的可判定性问题 [图灵、阿隆佐·丘奇（Alonzo Church）、克莱恩（Kline）等人以非常简单的形式回答了这个问题] 得到了明确的回答。没有办法做出数学上的决定：定理的证明可能出现，也可能不出现。事实上，图灵是通过机械化来解决该问题的。他喜欢制造小机器，所以他发明了一种叫作图灵机的装置。我们需要知道的最重要的事情是，如同科学一样，所有的装置可以表示为图灵机。

　　然而，早在图灵真正回答这部分问题之前，它就已经被设定为 1930 年我和马克斯·布莱克（Max Black）在剑桥的考核题目。我们没有得出满意的答案。但在 1931 年，一位名叫库尔特·哥德尔的年轻奥地利人发表了一篇非常出色的论文，名为 "第一部分"（"第二部分" 从未出版），即《〈数学原理〉及有关系统中的形式不可判定命题》，在其中他证明了一件更重要的事情，这件事轻而易举地解决了可判定性问题。[1] 哥德尔证明：如果存在此类公理系统（一个形式系统，具有形式符号与形式操作规则），而且是自洽的，它必定包含某些系统内

1　Kurt Gödel, "Über formal unentscheidbare Sätze der Principia Mathematica und verwandter Systeme, Teil I", *Monatshefte für Mathematik und Physik* 38 (1931): 173-189. For a clear, elementary account of Gödel's proof see, E. Nagel and J. R. Newman, *Gödel's Proof* (London: Routledge and Kegan Paul, J959).

所允许的方法既不能证实也不能证伪的命题。

　　无论你继续此项工作多久，这比你仅仅说我将永远不触碰这些命题更加棘手。相反，数学家可以证明一些命题并对你说："我可以向你证明这是真的，但是机器不能。"你说："好的，把它放进机器里。"现在这台机器有了一个以前无法证明的额外公理，很棒。不！一点儿也不好！现在我们有了一个更高阶的机器，一个更高阶的系统，但是我们可以构造下一个机器无法证明的更高阶的命题；所以我们只能无限地继续下去。换句话说，如果一个公理系统是一致的，那么它就有无法证明而完全可理解的命题。我们不知道哥德巴赫关于两个质数和的假设是否是这样一个命题，但是有一些命题无法证明。我们实际上可以列出这样的命题。

　　我一直在强调"如果一个公理系统是一致的"。如果这个系统是不一致的，我们就离它很远了，因为那样它就可以证明一切。但不幸的是，那样的话，它就不能区分真假命题了。不一致系统是完全正确的；它能证明我所证明的一切命题。但是，因为它可以证明一切，它也是绝对无用的。让我给你们讲一个罗素的小故事。实际上，我并没有当面听他说下面的话，所以这可能只是笑谈。（我并不是说罗素没在我面前说的话都只是笑谈。但很明显，在我不在场的时候，他说的那些话是笑谈的概率要高一些！）在一次晚宴上，享有盛誉的罗素曾说："噢，谈论不一致的东西是无用的，从一个不一致的命题你可

以证明任何你喜欢的东西。"用数学方法很容易证明这一点。　79
但像往常一样，罗素的表现比那更聪明。餐桌上有人说："得
了吧！"他说："好吧，那请说出一个前后矛盾的命题。"那人
说："好吧，我该怎么说呢，2=1？""好，"罗素说，"你想让
我证明什么？"那人说："我要你证明你是教皇。""为什么不，"
罗素说，"教皇和我是两个人，但是两个人等于一个人，因此，
教皇和我是一个人。"

因此，不一致的系统是没有用的。然而，我们有这样一个
事实，每一个封闭的形式系统，如果它是一致的，就不能证明
我们在系统外能够证明的命题。我们还有另一个事实，如果系
统不一致，它可以证明任何事情，但这是无用的。这说明了什
么？这说明了所有形式系统的适用范围都是有限的。当你对算
术或数学系统公理化时，你会自动对其施加限制。用我之前说
过的话来说，你把宇宙一分为二了。

我只是用数学的例子向你们证明了这一点。当然，这并不
符合我所说的，这些定理对于真实世界为真。也许大自然足够
聪明，以至于在它的实际活动中避开了这些定理的所有陷阱。
我认为有充分的理由说真实情况并非如此。但也存在一些你可
以在自然界中使用的数学形式，这些形式不受哥德尔定理的约
束。这不是我此刻想要深入探讨的主题（这个主题我很愿意继
续探讨，但这不是我今天要讲的主题）。所以你只能接受我今　80
天所讲述的我自己关于数学的观点：数学，尤其是算术和数

论（数学中最简单的分支），实际上是我在之前关于自然系统的讲座中所说的模型；问题产生的原因在于系统的公理化和形式化。

自然不是一个巨大的可形式化的系统。为了使它形式化，我们必须做一些去掉某些部分的假设。我们于是失去了所有的连接性。我们得到的是一个极好的隐喻，但它不是一个可以包括整个自然的系统。我们实际上是说，没有一个公理系统可以包括整个自然，或者包括整个数学。因此，我们无法实现自托马斯·霍布斯和牛顿时代以来的伟大愿景：在某一刻把整个物理学展示为一个拥有 6 个公理和一些运算的华丽系统 —— 自这一刻起，一切都将井然有序。例如，你会知道为什么在高海拔地区生长的花通常是蓝色的，而在低海拔地区生长的花通常是红色的。你希望任何问题都可以通过公理系统推导出答案。这显然是无望的。我一直试图表明，无论你是通过数学的严格形式化方法来处理它，还是通过我在上一讲讨论过的更加非形式化的方法来处理它，你总是会得出相同的结论：没有一个形式化的系统能包含所有可以被提出的问题。

换句话说，当我说这个系统将由真命题组成时，事实是真理在很多方面都存在问题。如果你不再区分真与假，你就能证明一切。但是，如果你坚持真理并且想在一个公理系统中实现它，那么有些事情你可以证明是真的，但你不能把它们带回到形式化的系统之中。如果你强行将其带回，之后，当你发现

81

其他事情为真时，反过来你又必须强行把它们放回去，如此你就陷入了一个无穷无尽的回归公理，你必须不断地添加真的事物。

粗略地说，我们现在的处境与柏拉图最不喜欢的诡辩家高尔吉亚一样。柏拉图指责高尔吉亚所持有的看法 —— 真理不存在；如果存在它就不能被领会；如果被领会，它就不能被交流。[1] 从某种意义上说，我们有这种感觉。但是，只有当我们要求构造具有这种简单形式的绝对系统时，我们才能拥有它。现在的问题是，这一切是怎么发生的？为什么会出现这些定理？当它们不被纳入系统时，我们怎么能证明它们为真？

现在，哥德尔的证明、罗素最初的悖论，所有这些都源于一个共同的根源，这是所有符号语言所固有的，包括我们使用的日常语言，这是困扰所有形式系统的问题，即自我指称问题 —— 语言可以用来指代语言中的句子。事实上，在 1900—1910 年，罗素试图禁止这样做，他说，如果你这样做，你就不能做数学了。因此，他发明了类型论。当然，当罗素发明类型论时，人们就发现，如果遵守类型论，数学就成了不可能的。所以他必须引入一个可还原性公理，它允许一定数量的自

82

1　本书原文为"there is no truth, if there were it could not be comprehended—and if comprehended, it could not be communicated."而高尔吉亚流传下来的 3 个命题实为：（1）不存在任何事物；（2）即使有某物存在，我们也不可能知道它；（3）即使事物存在并且我们能够知道它，我们也不可能将这一知识传达给别人。——编者注

我指称。至此，每个人都已经被折腾得疲惫不堪。

自我指称问题是古希腊文献中的一个经典悖论，通常被称为"说谎者悖论"或"关于克里特岛人的埃庇米尼得斯悖论"。关于克里特岛人，埃庇米尼得斯说："克里特岛的人，人人都说谎。"这句话显然使你陷入了矛盾之中。如果所有的克里特岛人都说谎，那么他所说的话就非真，因此，他在那一刻不是说谎者；另一方面，如果所有的克里特岛人都不是说谎者，那么他所说的话为真，因此，所有的克里特岛人都是说谎者。为了更准确地表达这一点，我将朗读罗素对这一悖论的阐述。我把它从我之前给你们读过的那段文字中删除了，为的是让我们循序渐进。

> 我们还能造出本质上与埃庇米尼得斯悖论类似的悖论：把一张纸条给一个人，上面写着"这张纸反面写的话是错的"。他把这张纸翻过来看，发现"这张纸反面写的话是对的"。

这就是为什么他在接下来的一句话中说出了我刚才读到的话："一个成年人在这类无聊的事上花费时间似乎太不值得，但是我能做什么呢？"我个人认为，这是一种非常简洁的悖论形式。你想象一张纸，你在一面写着：另一面所写为假。然后你在另一面写着：另一面所写为真。这是留给你们的习题，看

你们能否摆脱这个悖论。为什么这是一个悖论？因为使用这个 83
短语，"该陈述是……"立刻把你带入一个话语的论域，在这
个论域中，你不再使用这种语言来描述事物，而是使用关于事
物的陈述。现在你无法离开了。

的确，阿尔弗雷德·塔尔斯基（Alfred Tarski）证明了一
个比我迄今为止所引用的任何一个定理都要有力得多的定理，
他是这些哲学家中我最喜欢的一个，因为他也是波兰人。1931
年，塔尔斯基非常简单地证明了，所有这一切就等于说没有
完整的科学语言。[1] 如果你看看塔尔斯基的证明，就会明白它
基本上就是证明：一旦你不仅使用了陈述，还添加上"是真
的"，你就会遇到问题，因为你一定会陷入自反矛盾之中，就
像在埃庇米尼得斯悖论中出现的那样。

从这点到数学和物理学似乎还有很长的路要走，但我在这
几次讲座的任务就是完全按照这种方式来展示我们整个话语和
思想世界之间的紧密联系。它所谈论的事物本身就是人类语言
的本质。人类的本质就是他们所谈论的事物本身。如果你想发
布一个他们不应该这样做的法令，那么你就像我的口误一样，
从希尔伯特的世界转到了希特勒的世界。没有人愿意以无法谈
论自己的方式说话。上帝保佑！那将是普遍的沉默。自我指称 84

---

1 A. Tarski, "The Concept of Truth in FormalizedLanguages" (1931), trans.
J. H. Woodger, in A. Tarski, *Logic, Semanticsand Metamathematics* (Oxford:
Clarendon Press, 1951).

是我们意识的重要组成部分。

在第一讲中，我引用了叶芝关于"蜂蜜色的装甲"的诗歌。它源自这样一个事实：源于我们都知道恋爱中的男人是什么感觉，我们也知道被爱的女人是什么感觉。这是文学的力量，诗句的优势。古希腊神话中的忒瑞西阿斯[1]在其生命的不同阶段经历了不同的性别，从某种意义上说，这是绝对正确的。无论如何，我们的人性既依赖于我们意识中的自我意识，也依赖于我们知道在每个人的内心都有一个像我们自己一样的自我。现在谈论文学是非常好的，每个人都理解它，但1931—1936 年真正令人震惊的是：你不能既搞科学又否认这一点。这真是出乎意料。你真的无法从看似普通的科学描述中摆脱自我指称的悖论的观点是非常奇怪的。关键是这些悖论进入了科学的语言，因为我们不仅想在科学中写句子，我们还想说它们是真的或是假的。我们马上就回到了我们使用一种语言来指称自身的论域中。

为了更坚定地表达这一点，让我再多说几句。我已经讲了塔尔斯基证明不存在完全封闭的科学语言的依据在于：一旦你引入"是真的"，你就会得到悖论。我也讲了图灵的证明（以

---

1 忒瑞西阿斯是希腊神话中底比斯的一位盲人预言者。忒瑞西阿斯原本是一名男性，一次看到两条蛇在交配，用棍子打死了雌蛇，因此变成了女性；在以女性的身份生活了 7 年后，忒瑞西阿斯又看见两条蛇在交配，这次他用棍子打死了雄蛇，从而变回了男性。忒瑞西阿斯在性别的转换中同时体会到男性与女性的身份以及快乐。——译者注

及其他人的相关证明）依据在于：证明某些事情不能在有限的
时间内完成。我还讲了哥德尔证明由什么组成。哥德尔所证明
的是：任何一个一致的公理系统都无法蕴含算术的所有真理。
因此，任何一个一致的公理化系统都是不完整的。他使用的方
式是提供一种方案，将关于数字的命题转化为关于数字命题的
可证明性命题。他的论证的关键在于：表明对于任何给定的算
术公理系统，如何提出一个关于数字的命题，并且这个命题是
真的。但在他巧妙的翻译方案下，"述说自身"不能从公理中
被证明。因此，正如哥德尔引用的"说谎者悖论"一样，以此
作为其灵感的源泉，结果在很大程度上取决于自我指称。

　　现在我们要怎么办呢？答案很简单。我们必须接受这样一
个事实：我们面对的"如何研究科学"这一问题的本质是一种
机制危机。从某种意义上说，所有的科学都是一台图灵机，后
者是我们现在能想到的任何机器的模型。当然，当出现机制危
机时，你显然不会下车选择走路。在这个阶段，我们必须承认
现在的这种机制不是解决宇宙所有问题的方案，而只是一种策
略，就像归纳法和所有先前的科学方法一样。

　　我们继续以完全相同的机械方式进行科学研究，因为
这是我们取得进展的一种策略。几年前，当我第一次讨论这
些概念时，我发表了与此类似的演讲，我的听众之一是鲍林
（Pauling）。鲍林在演讲快结束时非常不耐烦地对我说："请告
诉我一种可行的方法，你所说的方法将会使我以不同的方式研

86 究科学。"对此，我回答道："不，我们不知道研究科学的其他方法。"但同样很清楚的是，我们现在对宇宙有了一个观念，这个观念不同于牛顿与莱布尼茨的概念。我们必须认识到，自然界的完全连贯性是公理系统无法想象的。从这个意义上说，我们提出的任何命题、公理体系、形式语言都不是最终的。（这就是不完备性定理。）更重要的是，这些都不可能在系统内部被证明是一致的。

　　我个人认为，我们在科学领域中所做的所有此类探索，在本质上都是试图表明：当我们遇到不一致时，我们可以重新安排系统。一旦系统出现故障，进入不一致状态，与机器不同，人类思维能够将整个事物抛弃并开始构建新的公理系统。这就是广义相对论取代牛顿体系的方式，毫无疑问，还会有别的东西取代广义相对论。

　　我相信人类也是不一致的，但我认为人类有一个应对他们遇到不一致时的策略。让我根据目前的想法创造一个短语——极度乐观主义，即人类拥有那些机器所缺乏的东西。思维解构以后，过一会儿又会被建构。我读给你们听的罗素的自传中就有这样的描述，他正在努力解决问题，然后骑上自行车，走出去，发现自己不再爱妻子了。然后，发生了什么？他

87 离婚了，他又再次结婚，他写了《数学原理》，他还在工作。当遇到这种困难时，我们会重新分析系统，以寻求一种新的一致性公式，这一点非常重要。

毋庸置疑，迈克尔逊-莫雷（Michelson-Morley）的实验在某种意义上真实地表明了牛顿体系（至少像迈克尔逊和莫雷所理解的那样）是不一致的。你无法给出他们想要的那种属性，或者说你不能给"以太"那种属性。在一个非常深刻的意义上，相对论不仅仅是一个新的物理系统，它还是出于消除不一致所需要的新的物理系统。如果你读了爱因斯坦的主要论文的第一篇，他在一开始就说自己要制定以下公理：一个人无法侦测相对速度（这点相当古老），无论如何测量，对于每个观察者来说，光速是恒定的。[1] 这多么的大胆！有些东西抛弃了之前的整个物理学，这是因为该公理与我们之前设想的物理完全不一致。好了，我不再继续谈论物理了，因为我真的想说说诗歌、连接性，等等。

　　我再多说一点儿。我已经说过"推论单位"，即科学的理论概念，构成了系统中的联系。我曾说过"解释语法"，即科学的公理系统，是一种我们根据其连贯性来判断的真理（就存在真理而言）；然而，我们将抽象定理与特定问题联系起来，通过"翻译词典"及其对应性来判断真理。而事实是，一旦你把科学视为一种语言，那么哲学的通常困境——真理的连贯论与符合论——就消失了。为什么？因为如果你相信宇宙是

88

1　Albert Einstein, "Zur Elektrodynamik bewegter Körper", *Annalen der Physik* 17 (1905); trans. M. N. Saha and S. N. Bose, in A. Einstein and H. Minkowski, *The Principle of Relativity* (Calcutta: University of Calcutta Press, 1920), pp. 1–34.

完全相连的，你就不可能做出不包括两者的科学解释。如果你相信这一点，那么你就有充分的理由选择一种公理系统而不是另一种公理系统：这使得公理系统之间的联系更加紧密。

　　如果你考虑一下一些已连接的系统，你会立刻发现这是多么重要。例如，法拉第发现电力和磁力实际上是相互关联的。他一直在以错误的方法进行实验，直到有一天，当他关掉电流时，他看到针头跳了起来。他意识到他之前一直在电流接通的情况下寻找（电与磁）联系，是完全错误的。（你知道，这是科学的本质 —— 科学发现总在不经意间。）那一刻，他表明了磁力和电力同属一个共同的系统。结果，这两套公理的联通性变得更高。他创造了一个更丰富的系统。这种丰富本质上是一种形而上学，它相当于奥卡姆的剃刀，或者更确切地说是嵌入在奥卡姆剃刀中的观念，即假设越简单，它们就越容易被优选。也就是说，如果自然是完全相关的，那么我们应该选择那些拥有最高连接性的语言或系统，不是因为它实际上显示了自然界的种种联系，而是因为它最接近自然之法。

第五讲

错误、进展与时间的概念

我为自己设定的演讲计划是把康德曾经为他自己设定的哲
学计划 ——研究"人类的世界观是如何被他的生物构成所支配
的?"——付诸实践。在第一次讲座中,我特别谈论了感觉是如
何进入我们的意识的。我指出18世纪的哲学家的观点是错的:
他们认为,我们的眼睛是一种暗箱,它把世界的某个地方的景
象投射到我们的头脑中,以供我们检验。这是一种幼稚的观
念,适合于所谓的哲学童年期。如果你觉得自己是坐在自己的
脑袋里,看着投射在自己大脑里的世界图景,而不是看着外面
的世界,那显然是愚蠢的。整个世界在我们的脑袋里不断地回
放,然后有一个自我看着它,这种想法显然是愚蠢的。把人划
分为感觉的接收者、思考者、世界中的行动者是错误的。

当我们观察眼睛所做的事情时,我们意识到它通过推理过
程一开始就解释了世界。知觉本身是一种由推理过程立即解释

感觉的机制。我选择眼睛作为例子，是因为视觉是人类拥有的两大天赋和特权之一，这使得人类遥遥领先于其他动物。在第二次演讲中，我集中于天赋中的第二个：语言天赋。

　　我想暂停一下，提醒大家它与我们对世界的整体看法多么密切相关。这是一首莎士比亚写的十四行诗的一部分：

94

> 我爱人的眼睛一点儿不像太阳，
>
> 珊瑚比她的嘴唇还要红得多，
>
> 雪若算白，她的胸就暗褐无光。[1]

　　我引用这段话是因为这是人类思考心爱对象的典型方式。第一行是描写她的眼睛，第二行是她的嘴唇，第三行是她的乳房。动物能够将性吸引力与第二性器官，如乳房，联系起来。但是，（人类）首先（拥有）将性吸引力与眼睛或嘴联系起来的想法，这当然与动物自身的视觉是完全不同的。我认为这是非常值得注意的。我们认为的心爱对象，首先是你看着谁的眼睛，然后是你亲吻谁的嘴。第一个与人类视觉的首要重要性相关，第二个与语言的重要性相关。视觉是我们与外界沟通的桥梁，语言是我们彼此沟通的渠道。

　　在第二次演讲中，我对动物语言和人类语言进行了对比

1　节选自《爱人的眼睛》。——编者注

分析。我指出，我们创造了语词，而动物只有语句。我们把语句划分成语词，语词代表对象或行为。世界上并不存在这些东西，它们是我们感知世界的方式。我们对世界的意识是由事物导向的，也是由行动导向的，因为这就是我们说话的方式。

伴随着意识而来的是自我意识。我们也将自己视为对象。而科学和人文学科中的所有悖论都源于我们试图同时把自己说成是正在认知的自我和已被认知的对象。其中第二点至关重要，因为，通过它，我们认同自己与他人，甚至所有生物。当阿尔贝特·施韦泽（Albert Schweitzer）谈论"敬畏生命"时，他的意思是我们的意识是这样的，由于我们可以把自己和其他动物的情感自我等同起来，我们意识到生命是我们所有人内心的某种东西。这就是我在第一次和第二次讲座中建立起的进化机制。

在第三次和第四次讲座上，我聚焦于"科学是什么？"这一问题。我们不仅把世界看作对象，还把它看作类、法则与关系。这样的概括又如何呢？在第三次讲座中，我提出了一种对科学的看法，即科学是把解释世界如何运转的语句分解成语词的过程。然后我们创造了像"引力"或"电子"这样的语词，如同"树"和"爱"这样的词一样多。它们既是真实的，也是人类对世界诠释的产物。电子如同一棵树，它就在那里。但是，如果要求你定义一棵树，那么你就会遇到和你被要求定义一个电子时一样的麻烦。你可以说它对你现在的知识而言所起到的一切作用，你可以说它为什么在你看来代表着一个巨大的

世界安排；但这只是你所知道的一切。我要提醒你们，如果我
在 50 年后进行此讲座，对于那个时代的学生来说，"引力"这
个词会像"燃素"这个词对于我们一样是过时的。相对论肯定
把引力降级为一种真正的解释，就像普里斯特利和拉瓦锡通过
对化学反应的分析和解码，淘汰了"燃素"这个词一样。当普
里斯特利分离氧气时，拉瓦锡说：好吧，我们一直在研究的燃
素反应和脱燃素反应都是氧化反应。这是一种新的解码方式，
其中氧气起了新的作用，而燃素寿终正寝了。正因为如此，在
我们之后的第二代或第三代时，时空曲率将会"杀死"引力。

　　科学概念没有永恒性，因为它们只是我们对自然现象的解
释。为什么它们只是暂时的？因为 —— 这是我第三次讲座的
中心思想 —— 我们可以观察和分析的世界总是有限的。我们
总是不得不说世界的其他部分不会影响这一部分，而这一点永
远不是真的。我们只是做了一个暂时的创造，它覆盖了我们现
在可以接触到的那部分世界。当我还是一名大学生的时候，谁
会想到恒星会有一个演化过程，氢合成为氦，而这是元素层次
结构的开始，最终解释了门捷列夫的元素周期表。究竟发生了
什么？我们突然发现，宇宙中那些似乎与实验室无关的部分，
比如太阳与恒星，实际上是实验室本身。一旦我们考察了它
们，我们就会在自然界中得到更大的连接整合，从而给了我们
一种新的、更精妙的解释。世界是完全相连的。无论我们在任
何情况下进行的任何解释都只是一种局部联系，其丰富性来自

我们能够建立的这种联系的丰富性。 97

现在为了以最直接的方式证明这一点，我在第四讲中讨论了相当困难的话题。（我很高兴能够讨论它，因为即使在十年前，除了专业的数学家，别人很难把它听进去。）事实上，数学系统也同样具有不完全性。哥德尔、图灵、塔尔斯基都证明了这一点。哥德尔已经证明：你不可能对整个数学进行完全的公理化，你所设计的每个系统都是片面的，都有一个很大的缺点——如果它是一致的，则存在无法在其中证明其为真的定理。图灵已经证明：我们能设计的每台机器都如同一个形式化的系统，因此没有机器能完成所有的数学运算。塔尔斯基甚至更大胆地说：没有一种适用于所有科学的通用语言能够在所有情况下都不存在悖论。

这些定理与第五讲的主题相关，因为它们告诉了我们关于大脑本身的一些信息。什么是图灵机？它等价于任何数字计算机，也就是说，等价于任何以离散步骤完成所有运算的计算机。从本质上说，我们已经证明任何一台这样的机器都无法完成全部数学。我的意思是，当你给我展示那台机器的时候，我可以做一种比给定机器更高级的数学运算。这就破坏了一句老话的有效性："告诉我机器所不能做的事情，我会为你制造一台能做这件事的机器。"我知道的制造这种机器的唯一方法（如果我可以用一种直截了当的方式进行说明）是把两个异性 98
的人组合在一起。只有人类的思维才能超越所有这些机器。为什么？因为人脑不是一台数字计算机。

现在让我说两件事。首先，让我们看看所有这些数字机器的悖论是如何产生的？它们因使用系统语言来描述系统而发生，也就是说，它们因"自我指称"而发生。正如自我意识一样，自我指称实际上是人类心灵的特有优势。这是我们语言运作的特殊方式。罗素试图从《数学原理》的数学中去除自我指称，但他很快发现，去除自我指称意味着你根本不能做数学，你必须找到一种把它放回原处的方法。如果我们被禁止思考自己、谈论自己，被禁止将我们内心的感受与我们认为的其他人的感受进行比较，而只能从外部观察别人，那么在任何情况下，我们都不会真正想要作为此种人类去做科学或数学。当然，"我思故我在"是最基本的自我指称陈述。谁告诉你自身所想？你又怎么能用自己的思维语言对你自己的思维过程进行演绎呢？这适用于心理学，适用于文学，而引人注目的是它也适用于数学和科学。

其次，这种悖论源于知识的本质。塔尔斯基指出：任何科学语言都会失败，因为一旦你引入"某某是真的"这个短语，那么"是真的"这个词的引入就会在语言中产生一种自我指称，从而引发悖论。你不能没有这些语词，你不能没有"是真的"。这些矛盾的产生是知识的本质，是人类语言认知建构的本质。现在我们可能会很自然地问：那么大脑呢？大脑如何处理这一切？这很清晰地告诉我们，没有机器能做大脑所做之事，因为机器只是一台数字计算机。大脑能做什么？这些不确定性和悖论会在哪里束缚我们的大脑？

关于这个问题我有两点要说。一是不能把大脑和身体分离来侵犯人类的完整性。这就是我所说的，没有一个观察者会盯着你脑袋里的暗箱。这个概念源于意识和自我意识的问题，源于世界与我们之间的分歧，并且基本上源于整个笛卡尔式的身心二元论。这有什么不对吗？不对的是，如果你认为大脑接收信息，对其进行处理，然后给肌肉一个指令，那么你就已经伪造了整个过程。对所有动物而言，肌肉与神经，二者相辅相成、缺一不可。这和我之前说的关于世界的联系相一致。就大脑和肌肉而言，它可以通过另一个著名的悖论，即量子物理学中的爱因斯坦-罗森-波多尔斯基（Einstein-Rosen-Podolsky）悖论（请不要惊慌，但这就是它的名字）[1]，得到非常具体的表述。

---

1 A. Einstein, B. Podolsky, and N. Rosen, "Can QuantumMechanical Description of Physical Reality Be Considered Complete?" *Physical Review*, vol. 47 (1935)。EPR 悖论是为论证量子力学的不完备性而提出的一个悖论，这一悖论涉及到如何理解微观物理实在的问题。爱因斯坦等人认为，如果一个物理理论对物理实在的描述是完备的，那么物理实在的每个要素都必须在其中有它的对应量，即完备性判据。当我们不对体系进行任何干扰，却能确定地预言某个物理量的值时，必定存在着一个物理实在的要素对应于这个物理量，即实在性判据。EPR 实在性判据包含着"定域性假设"，即如果测量时两个体系不再相互作用，那么对第一个体系所能做的无论什么事，都不会使第二个体系发生任何实在的变化。人们通常把和这种定域要求相联系的物理实在观称为定域实在论。——译者注

正如你所知，爱因斯坦是一个令人愉快的人，他有一种特殊的能力，有时对待上帝就好像上帝是他的叔叔，有时对待上帝就好像他是上帝的叔叔。他总是做出精彩的概括，比如，"上帝狡诈，但没有恶意"（Raffiniert ist der Herrgott, aber boshaft ist er nich）。这是假话，大自然是极其恶毒的，这是每个从事科学工作的科学家都知道的。她会利用你完全没有意识到的细微疏忽，溜出整个实验。然后，砰！实验就这么失败了。爱因斯坦关于上帝最著名的名言是，他不是"一个掷骰子的上帝"（ein wiirfcinder Gott）。[1] 但上帝为什么要听爱因斯坦说他想玩什么？

为了证明这一点，爱因斯坦、波多尔斯基和罗森说："让我们采用量子物理学中的封闭系统并对其进行挑战，接着我们将得出一个答案：这就是系统的状态。存在一个描述系统状态的符号。现在让我们采用另外一个系统，并赋予符号；现在让我们把它们结合起来，突然发现这两个系统都没有旧符号附于其中。他们说："这是矛盾的。整个系统为什么要拒绝我们为小型系统找到的东西？"这正是宇宙的本质——你所做的任何分区都给出了自己的答案，但都不是完整的答案。

大脑也是一样。一旦你将大脑与肌肉分离开来，并向大脑询问它将给出什么指令，你就会伪造大脑的本质。我们可以

1　See Max Born, "In Memory of Einstein", in *Physics in My Generation* (New York: Springer-Verlag, 1969), pp.155–165.

再次展示这一点。如果大脑从身体中被分离——这是笛卡尔身心二元论的本质谬误——被感官信息填充，然后（将指令）输出到肌肉中，那么根据普通的量子物理学，大脑将不得不从有限数量的答案中选出一个。这样的话，大脑就将是一个有限状态机，一台数字计算机，它将会陷入数字计算机的所有悖论中。关键是你已经达到了这个人工处境，因为你已经将大脑放入一个盒子里，你也已经把信息输入这个盒子，现在你要求它给出答案。一旦你挑战盒子的答案，它一定会打印出一个数字——你已经将大脑人工转换成了图灵机。

但是，如果你把身体中的大脑视为一个整体，那么这正是爱因斯坦、罗森和波多尔斯基所说的——整件事的答案都包含在其中。而大脑本身现在已经不再是一台数字计算机，神经和肌肉也是整体的一部分。在我看来，所有使用往返过程的控制论模拟都完全失败了，因为那只是一连串的问答。你必须面对这样一个事实：身心总体构成了一个单元，在这个单元中，心灵不是一个有限状态系统。心灵就像氢原子一样，只要你不看它，它就可以得到无数个答案中的一个，只有需要它采取行动时，它才会得到明确的答案。但是，这个行动不是大脑的行动，而是整个人的行动。

最引人注目的方式是思考另一个重要悖论（这是关于悖论的演讲），海森堡提出的"关于你为什么不能同时测量动量

102

和粒子位置"的悖论[1]。因为你在质疑粒子同时打印了两个符号的能力。而粒子不是印刷机，打印符号不受其性质的限制。如果你通过固定位置来考查它，它就会打印出动量的答案；如果你通过固定动量或速度来考查它，它会打印出为你提供位置的答案。但事实并非如此。实际上是整个事物都包含在粒子中。正如海森堡的老师马克斯·伯恩（Max Born）所言：通过询问"单个电子将要打印出哪些答案"来应对质疑，我们试图使位置和动量的象征意义超越它的实际地位。

　　当我们试图说"每台图灵机都做代数，心灵也做代数；因此，心灵是图灵机"的时候，我们实际上是试图将代数的符号主义推到超越它本身的地步。正如你们所知，这是一个著名的错误三段论。的确，心灵会做代数运算，它会做各种各样的事情，但是它并不是通过像有限状态机那样进行计算来实现它的行为——也就是说，它不像数字计算机那样。好吧，那它是怎么做到的？爱因斯坦曾说："亲爱的女士们，先生们。如果我知道的话，我会知道一切！"我们谁也不知道。目前对大脑的研究最令人兴奋的是，虽然我们不知道大脑具体如何工作，但我们知道它必须如何进行工作。很明显，大脑获得如此巨大

103

1　海森堡悖论，又称为海森堡不确定性原理，于1927年提出，这个理论是说，你不可能同时知道一个粒子的位置和它的速度。这个不确定性来自两个因素，首先测量某东西的行为将会不可避免地扰乱那个事物，从而改变它的状态；其次，因为量子世界不是具体的，但基于概率，精确确定一个粒子状态存在更深刻更根本的限制。——译者注

的丰富性，是因为它有大量的连接。并且这些连接不是推或拉的类型，而是一些其他类型的连接，其中每个连接相互调节。其结果是，大脑一定在使用某种与人类语言完全不同的统计语言。大脑并不是通过像"我在听你说话"这样的语句来工作的。不存在"我"，不存在"你"；大脑不会把语句弄得支离破碎，否则它将是一台印刷机。

此前，当我决定接受邀请，在西利曼学院做讲座时，弥留之际的约翰·冯·诺伊曼就这个问题写下了他一生中最精彩的几句话。[1]他指出，仅仅从电学分析的角度来看，就有充分的理由表明，大脑本身不是以数字化系统的方式工作的。它没有足够的准确性；或者，如果它具有足够的准确性，它就没有足够的内存。大脑的工作一定有其他的方式。冯·诺伊曼还有一些其他经典论断，他说大脑中有一种统计语言，它与我们使用的任何统计语言不同，我们不知道它是怎么回事，但这正是我们必须要去发现的。我想这一发现将使我们度过宇宙的余生。但同时，我希望我们能取得一些进展。我认为我们应该在寻找什么类型的统计语言可行方面取得一些进展。

让我给你做一个类比。当罗伯特·波义耳发现波义耳定律时，他说如果将气体压缩到其体积的一半，压力就会加倍。换句话说，你的操作将让压力计的指针读数变成两倍大。经过

104

1　J. von Neumann, *The Computer and the Brain* (New Haven: Yale University Press, 1958).

更多的人研究之后，主要是麦克斯韦、玻尔兹曼统计的结果表明：气体中充满了四处乱窜的原子，如果你把容器的容积减半，那么它们与容器壁的碰撞会给你两倍的压力。换句话说，我们看到了另一种独特的指针读数，它是气体内部巨大统计相互作用的结果。你明白，我并不是要说大脑是气体。我想说的是，内部连接的本质必须如此，当有输入时，会存在大量的交叉引用，其结果是有一定的输出，而且通常是相同的输出。

如果你让一个人进入爱因斯坦的上帝所禁止的心理实验室，并且你对他说"面包"，他回答"黄油"。如果他不回答"黄油"，你已经知道他有问题了，他是在隐瞒什么。你可以日复一日地问他，他也会一直回答"黄油"。但是除了在心理实验室之外，大脑还能在许多情景中说出"黄油"这个词，并且除了这个特定的问题之外，还能用"黄油"回应许多其他问题。此外，如果你改变了条件，这个人可能不再说"黄油"。回想一下气体实验。波义耳定律运作良好。当气体体积减半时，如果保持温度不变，则压强就会加倍。但是一旦你改变温度，压力计指针就会转到其他地方。现在是大脑内部的统计连接——连接数量至少有10的10次方或11次方——很明显（如果我们用这种类比的话）如果你改变其他条件然后说"面包"，"黄油"就不再是它做出来的反应。根据我的类比，你改变了温度——你改变了另一个条件，结果你得到了不同的反应。这些反应必须具有这样的统计特征：你输入一段完全确定的信息，你得到一个完全确定的答案，但内部发生的事情根本不是一个类似计算机的过程。它肯定更像我们想象的在气体云中进行的过程。

我们在哪里最清楚地看清这一点？当我们试图用一种我们已经确定的符号主义来迫使我们的头脑给出确切的答案时，我们实际上会问自己我们想要做的事情。为什么我要用1个小时的时间做这个讲座，而我说的内容实际上大概6句话就概括了？因为我没办法说出6句意义明晰、毫不含混的话语，最终能让大家明白我想表达的意思。事实上，大多数人类说出的句子都是为了消除前一句中不可避免地留下的歧义。现在，我相信这是语言符号（即精确的符号主义）和它所代表的大脑过程之间的关系所固有的。在我们的陈述中不可能消除歧义，因为这将使得符号主义超越其能力范围；还因为大脑不是一台数字机器，它给出的众多答案本身就是模糊的。所以我们必须处理歧义。几乎所有关于图灵定理或诗歌的讨论都回到了这个关于歧义的中心点。我的一个数学家同事，威廉·燕卜荪，他在剑桥和我一起研究过数学，后来他转向诗歌，并立刻出版了一本名为《朦胧的七种类型》(*Seven Types of Ambiguity*)[1]的书，这里的英国学生都会知道这本书 —— 它仍然是一本小圣经，却是由一位数学家写的小圣经，永远不要忘记这一点。

106

1　London: Chatto & Windus, 1930.

　　语言的模糊性与多义性，即语言根本不能被视为对其所说内容的一种清晰而终极的阐述，对于自然科学和人文学科都是至关重要的。为什么对于自然科学至关重要呢？我们刚刚看到——每当你试图用符号主义来做超出它能力范围的事情时，你实际上就失败了。为什么？出于同样的原因，你不能对世界上的任何实际上是完全被界定、完全没有歧义，并且将世界分成两部分的事物，做出一个单一的概括性陈述。

　　如果你把引力排除在它现在所处的时空之外，你就没法说出任何同引力相关的东西；你无法以一种能不让你受到质疑的话去说桌子或椅子。"嗯，我把椅子当作桌子，"孩子们经常这样做，"我把椅子当桌子，它现在是桌子或椅子。"如果这对你来说似乎很愚蠢，那我想提醒你上周我从《罗素自传》里读的一句话："一个成年人在这类无聊的事上花费时间似乎太不值得，但是我能做什么呢？"你很难问自己，为什么我要担心我是否真的可以定义桌子，以至于世界上的每一个对象都可以被分类为是桌子或者不是桌子？世界并非如此。首先，世界不仅仅是由无穷无尽的一系列对象组成，"桌子"这个词的创造并不是为了将宇宙一分为二分为桌子和非桌子。如果"桌子"是如此，那么"荣誉"也是如此，"爱情"也是如此，"引力"也是如此，当然，"质量""能量"及其他一切都是如此。

　　我的老师弗兰克·拉姆齐（Frank Ramsey）第一次真正地证明了这一点，他证明如果一个科学系统是如此精确，以至于你可以根据对电子的所有观察的总和来代替其中的每个单词，比如"电子"，那么你永远不会发现任何新的东西。[1] 当然，拉姆齐定理本质上相当于塔尔斯基-图灵定理，因为它实际表明：如果你以"质量"之类的词来推动符号主义，质量就是你在权衡质量时所做的一切，那么你永远不会发现质量和能量是可以互换的。因为你封闭了这个系统，禁止了新的发现进入。我真正想说的就是这些话。

　　科学是试图用一种完美的形式主义把已知的世界表现为一个封闭的系统。科学发现是一个不断地特立独行的过程，它需要在系统的末端进行分解，然后再次重现它，在完成特定工作后立即将其关闭。你当然希望自己是最后一个发现者。但，不幸的是——或者，我更乐意说，幸运的是——事实并非如此。所有符号系统的本质在于，只要你试着不跟它们说任何你所做的实验工作中没有包含的东西，它们就只能一直保持关闭。如果你想要一个封闭的系统（这是牛顿同时代的人希望牛顿取得的成就），那么你必须相信现在这个系统已经描述了整个世界，其他一切都只是一种微不足道的粉饰品。例如，你现在已经解释了生物学中关于人类的一切，你有一些小问题仍待解释，比如为什么有些人是卷发，有些人是直发，有些人根本没有头发，但这仍然是有待完成。而生物学、物理学、化学或

1　F. P. Ramsey, *The Foundations of Mathematics and Other Essays*, ed. R. B. Braithwaite (New York: Harcourt, Brace, 1931), pp. 212–236.

其他任何学科都并非如此。

科学的不同之处在于它是一个接一个地建立封闭系统的系统性尝试。但是所有基础科学的新发现再次打开了系统。这种语言的符号意义比人们所设想的更加丰富。我们发现了新的联系。符号系统必须被延伸。符号系统、语言、科学公式在这里都是同义词。是什么打开了它？实际上，是大脑与数字计算机的功能不同。

我有很多朋友都非常热爱数字计算机。一想到人类不是数字计算机，他们就伤心欲绝。由于他们中的大多数都是男性，他们想要把女性排除在外，但就男性的大脑而言，他们希望感觉到它是一台数字计算机。对我而言，这很奇怪。他们居然喜欢科学末日近在眼前的感觉。我不明白他们为什么如此热衷于"末日求生"！

科学的无止境进步正是因为你可以继续进行机器无法做的数学。你可以继续研究系统是否一致。正如我在第四次讲座中所述，当你遇到一个像迈克尔逊-莫雷实验一样的重要发现时，它本质上是系统中的不一致性，你要重新组织整个系统。而这种重组是想象的核心行为。

想象行为是系统的开放行为，以至于它显示出新的连接。我首先在《科学与人类价值》（*Science and Human Values*）[1]一书

---

1   Harmondsworth: Pelican, 1956; rev. ed., New York: Harper & Row, 1965.

中提出这一观点，当时我说每一个想象行为都是发现两件被认为不同的事物之间的相似性。我给出的例子是牛顿想到抛出的苹果和月亮在天空中庄严运动之间的相似性。这是一个极不可能的相似性，但结果却富有成效（如果你们允许我这么说）。所有想象的行为都与此类似。人们采用封闭的系统，检查它，操纵它，然后发现一些到目前为止尚未放入系统的东西。人们打开系统，然后引入新的相似性，无论是莎士比亚说"我爱人的眼睛一点儿不像太阳"，或者是牛顿说月球在本质上就像一个抛出的苹果。所有想象的东西都占据了迄今为止尚未连接的宇宙的一部分，并通过展示它们间的联系来扩大宇宙的总体连通性。

今天，我的正式主题是"错误、进展与时间的概念"。我曾提议以时间为例来说明一个特定的概念，这个概念在经过几代人之后，现在以这种方式考虑——首先，从绝对的牛顿时间转变为相对论时间，然后涉及宇宙时间的整个问题，特别是进化时间。我不会试图给你们 个时间的缩略图，但有一点我想指出：在我的时间概念中，很大程度上与进化时间有关，错误是天生的，即复制不完美，这一点是核心。概念的进化建立在永续的错误基础之上。它因将误差推广到新的范式而违背热力学第二定律，使第二定律对错误产生影响，然后建立一个新的错误。这也是所有归纳行为和想象行为的核心。我们扪心自问："为什么一个棋手下得比另一个更好？"答案并不是说下棋

111　下得好的人犯的错误更少，因为，从根本上说，下棋下得好的人犯了更多的错误，更具想象力的"错误"。他看到了更多"荒谬"的选择。如果你们中的任何一个人下国际象棋，你可能坐在棋盘前，手里拿着一张公开的棋谱，然后拒绝看下一步棋，说："好吧，他现在做了什么疯狂的事？"优秀棋手的标志正是如此，他认为游戏中所有已知规范都是错误的东西。如果你想说得更直接一点，他的选择不符合机器玩游戏的方式。

　　因此，我们必须接受这样一个事实，即所有富有想象力的发明在某种程度上都是关于规范的错误。除了这种疯狂的特立独行的改变，没有什么是值得做的。但是这些错误具有能够自我维持、自我复制的特殊性。

　　我们也不应该谴责这样一个事实：我们做过各种各样的实验，但常常是错误的——通常错误的比正确的多。更多的科学理论是错误的，而非正确的。当然，错误的实验经常不会公布。但千万不要混淆阐述的过程与发现的过程。不幸的是，B级电影中的保罗·穆尼（Paul Muni）发现一些反物质或其他事物总是代表着胜利之刻的科学家，"发现"总是伴随着"理念"得以呈现。而那并不是科学发现的真正过程。科学发现是由不断得到错误答案的人用眼泪和汗水（至少用了很多脏话）取得

112　的。而且错误是无法消除的，因为这是寻找想象相似性的本质。科学家总是在寻找相似之处，而他们所寻找的相似之处十之八九都不存在。当然，因此产生的坏科学比产生的好科

学多，如同艺术家生产的坏艺术品比生产的好艺术品多。科学家和艺术家的不同之处在于，大多数科学家都小心翼翼地不去展示他们糟糕的工作成果。

进步是对我们自己的错误的探索。进化是一种始终以错误开始的整合。错误有两种：被证明是正确的错误与被证明是错误的错误。（大多数是后者）但它们都有一个共同的特点，即它们都是富有想象力的推测。我说这一切都是因为我非常想谈谈科学发现和进步的人性，在这个大多数非科学家都感到神经衰弱的时代，这点似乎非常重要。

18 个月前，当所有男孩都在说"我们不想成为计算机卡片"时，我才刚刚来到伯克利大学。我完全同意——没有人想成为 IBM 卡片，所有关于"不要折叠或以其他方式损坏，这是人"的言论是绝对公正的。但这与科学的本质无关。你必须记住，当科学变成一个封闭的——也就是计算机化的——工程时，它就已经不再是科学了。因为它不再是探索错误的领域。我非常想向你们——科学家和非科学家——传达冒险和探索的感觉，这种感觉源于我们一直在把封闭的科学系统的边界推向一个充满陷阱和错误的领域。

我也反对在文学中封闭系统，正如我反对在科学中封闭系统一样。我认为萨特的《禁闭》是一部糟糕的戏剧。我所说的糟糕不是指戏剧本身很糟糕，而是它的哲学——为人类划界——很糟糕。出于同样原因，我认为任何真正相信他所做

113

的是一个机械过程的科学家都处于一种糟糕的精神状态。

如果我们问："为什么我们现在比十年前，甚至一年前知道得更多？"答案是，通过不断的冒险，我们将封闭的系统的边界富有想象力地推进到我们将会犯错的开放空间。但我们也知道一切调查都会受到律法[1]和责任的限制。我会在第六次，也是最后一次讲座中处理这个问题。它被称为"律法和个体责任"，我所说的"律法"对象是国家部门，不是自然的法则，而是国家的法律。因为我认为我们所说的自然法则和人类法律所指的问题都与科学密切相关。

1　此处原文用的 law，既可翻译为"规律"，又可翻译为"律法"，为作者巧妙的语言游戏。结合下文，此处译为"律法"。——译者注

第六讲

律法与个体责任

在这个有点伤感的场合，六场讲座中的最后一场，我想谈谈科学实践——首先作为个人行为，其次作为社会行为。我要谈一下在科学上取得成功的人。然后，我将在可能被称为科学家个性的话题和他必须适应的科学家群体之间进行简短的过渡。我会讲到科学家群体，谈谈是什么把他们凝聚在一起，该群体是如何运作的，以及为什么它取得了如此惊人的成功（从1666年牛顿吃惊地看到苹果落地到1967年这段相对较短的时间内），这也使得它成为我们社会生活中最大的单一要素。最后，我要谈谈科学在我们当今社会中的地位，不是作为一种技术活动，不是作为一种寻求知识的活动，而是作为一种伦理道德活动。我选定"律法与个体责任"作为本次讲座的标题，是因为我想非常清楚地谈论使科学实践成功并且使其确实可能的道德条件。

让我先从个体角度来谈谈科学家。在我的第四次演讲中，我给你们讲了一个关于莱纳斯·鲍林的故事。我说过，之前我已经大致按照那次讲座的思路向一小群科学家举办了一个讲座，即在所有的公理化科学体系中，我们在之前讲座中所学到的所谓封闭系统的局限性。我告诉过你们，当我演讲快结束的时候，鲍林变得越来越焦躁不安，我一讲完，他就对我说："从行动上讲，作为一个实践科学家，这一切对我有什么影响？如果你有说服力地告诉我，机制不是世界的答案，那么我作为科学家的实践应该如何改变呢？"我毫不犹豫地说："一点也不。我真正证明的是，机制并不是对世界的最终解释，但它是我们所知道的贯穿规律的唯一策略。而且你也正在做这件事情。"但现在我必须告诉你故事的其余部分，因为鲍林对我说："好吧，那我为什么要在乎？为什么要用这些关于世界是如何真正结合在一起的难题来困扰我？"

我不能假装一字不差地回忆起我的回答——无论如何，我相信我现在要告诉你的答案比我当时真正说过的话更有吸引力。当时，我确实有一种赫胥黎 1860 年在牛津大学英国协会那一天的感觉。当威尔伯福斯主教愚蠢地问赫胥黎，他是否声称自己是他父亲或者母亲那系猴子的后裔时，赫胥黎在他起身回答之前对他旁边的人说："上帝把他送到了我的手里。"（很遗憾，威尔伯福斯主教并没听到这句话。）而我在那个场合对鲍林说："好吧，我很奇怪你为什么会提出这样的问题，因为在你们这群人中，你证明了科学家不仅是得出富有想象力的重大发现的人，还是把世界看作是一个整体的人。你，世界上唯一一个真正赢得过两次诺贝尔奖的人，一次是因为化学而另一次是因为什么？——因为和平。你问我为什么世界科学图景的变化会影响科学家。你，鲍林，个体化地证明了一个事实：科学家是一个完整的人，你不能在不考虑和平的情况下谈论化学，也不能在不考虑化学的情况下谈论和平。"现在我可以很得意地说，听了我的答案，鲍林沉默了。

119

当然，对此有人有不同看法。很多科学家认为自己是机器，他们会说："哦，不，不。我为和平所做的是从我的化学中得到的推论。我有关于和平的信念，因为我是一名科学家。"我不同意这种观点。我不认为你可以证明在任何一种避免哥德尔定理等所有困难的数学系统中，和平是可取的。如果你想要和平，如果你想要任何一种特殊形式的人类社群，并不是因为科学已经证明它是可取的，而是因为它是科学给你的世界图景的　部分。像鲍林这样对世界和平和化学有疯狂想法的人，当然具有科学人格。尽管科学家们试图让自己的外表和行为都像计算机一样，但他们都是特立独行的人。除非你是一个非常善于提问、极具挑战精神的人，否则你不可能总是抱着你刚才被告知的解释肯定错误的想法去面对这个世界。

多年前的一个圣诞节，我曾代表联合国在伦敦向大约2000名在校儿童发表演讲。一般在这种情况下，我总是有个内容大纲，但不去明确演讲细节，我一时脑热地对他们说："世界就是这样，你们必须改变它，你们必须停止听父母的话。如果你继续听从你的父母的话，这个世界将永远不会是一个更好的世界。"在那一刻，20名代表欧洲新闻界的报社记者从前排站起来，冲到电话亭。当我回到家的时候，一位来自日内瓦的、更具冒险精神的记者已经给我在学校的7岁女儿打过电话，询问她是否有勇气在家里违背她的父母。

但这就是我的意思。事实上，如果我可以暂时谈一下我对社会学的看法，那么，总体而言，在培养优秀女性科学家方面遇到困难的一个原因是，她们之间的矛盾还不够。幸运的是，时间会治愈一切。时间会产生好战的、冲突的、质疑的、挑战的女人，就像它产生好战的、冲突的、质疑的、挑战的男人一样。我们谁也不喜欢他们，把他们放在实验室里总是令人讨厌的。读一下沃森叙述的布拉格对弗朗西斯·克里克在剑桥实验室这件事的想法，你会发现，即使是一个和他一样优秀的傲慢年轻人，在与这位伟人所说的一切相抵触的情况下，最优秀的科学家们仍然觉得非常尴尬。[1]

然而，认识到这种人格非常重要，因为，它必定会改变社会。几百年来，我们一直致力于变革社会。正是这样的人才是变革的催化剂、推动者和创造者。他们具有完整的人格。

1　J. D. Watson, *The Double Helix: A Personal Account of the Discovery of DNA* (London: Weidenfeld & Nicolson, 1968).

麦卡锡参议员过去常常为他时时面对的优秀科学家而烦　121
恼，这些科学家在他看来不是好公民。他经常发出相当幽怨的
低声哀号，其大致表达是：爱因斯坦先生（这不是说他曾经见
过爱因斯坦，而是让我们取一个中立的名字），您为什么不能
只发明相对论而置身于政治之外呢？但他的意思并非如此，实
际上他想表达的是：爱因斯坦先生，为什么你不能在没有同时
投票给我的对手的情况下发现相对论呢？这就是人们通常建议
你远离政治时的意思。当然，像爱因斯坦这样的人总是不得不
回答：如果我不是一个非常笨拙的人，我首先就不会想到相对
论。你不会因为满足于别人告诉你的关于世界如何运转的事实
而发明一个新的世界体系。这种不满会一直持续下去，直至形
成一个完整的人格。科学家和诗人或艺术家一样，也和银行经
理或卡车司机一样，对他的全部工作都非常投入。如果他工作
做得好，那是因为他就是他。我很高兴告诉你们，爱因斯坦曾
经拉过小提琴，真是太糟糕了。但他拉小提琴的方式与网球运
动员出去锻炼 20 分钟的方式不同。他演奏曲子不是为了练习。
他扮演的角色是其人之本性的一部分。

当然，这一切只有在你接受这样一个事实时才有意义：科
学不是一个已完成了的事业——知识不是一个已完成了的事
业，人文也不是一个已完成了的事业。我们所寻找的真理只有
在它还没有被发现的时候才有意义。自然地，如果你认为真理　122
是一样东西，你可以像找到帽子或雨伞那样找到它，那么一切

都没有意义，你只需找一个好的发现者。但真理的发现过程并非如此。它与知识如何被创造出来无关，也与它如何加速、发酵和创造社会变革无关。我所描述的这种质疑人格之所以适合我们这个不断变化的社会，仅仅是因为它是一种自我修正的机制。它是系统内置的恒温器。它会说："这是不对的，我们将尝试另一种方法。"科学本质上是一种自我修正的活动。但更重要的是，科学家是那些用另一种观点来修正当前状况的人，并认为这是朝着"真的"世界图景的自然进化。我已经充分讲述了关于真理的内容，我们也知道了自己不会拥有最终的世界图景。正如我所说，没有人能够像找到一顶帽子或一把雨伞那样在美好的一天找到真理。

　　作为人类的科学家们在此之前受到了极大的关注，罗伊也就此写了一本卓越的书。[1] 而这种英雄主义，就是作为一个反面人物的英雄主义，即使只是在电影院里，对我们所有人来说都是众所周知的。现在我想把你们的注意力转向科学家群体。因为在过去的 300 年里，科学作为一种社会发酵剂的成功之处在于它从个人（无论他们多么聪明）的实践转变为一种公共事业。

123　　列奥纳多·达·芬奇生于 1452 年，死于 1519 年。在那个时代科学不彰，莎士比亚和伽利略都还没有出生。像达·芬奇这

1　Anne Roe, *The Making of a Scientist* (New York: Dodd, Mead & Co., 1953).

样多产的、活力四射的、富有想象力和创造力的大脑未能对科学界产生任何影响，原因之一就在于没有同行。他在绘画方面有同行，其产生的影响无疑让我们拥有了比我们原本应有的更多更好的绘画。至于现在，鉴于有这么多的科学家和如此少的画家，达·芬奇一个人待着的话我会很高兴。但我确实想让你们看到，即使是如此伟大的头脑也无法孤立地工作。

　　这一点尤其重要，因为在某种程度上，我到目前为止所说的关于特立独行的个性的一切，对所有具有创造力的人来说都是真实的。你知道，莎士比亚和歌德在学校里就像达·芬奇和卢瑟福（Rutherford）一样让他们的老师头疼。创造性人格总是把世界看作是适合变化的，而把自己看作改变世界的工具。否则，你在创造什么？如果这个世界本来就很好，那你就没有立足之地。创造性人格把世界看作变革的蓝图，把自己看作变革的神圣代理人。

　　但是，这依旧令人费解，为什么整个科学在大约300年前起飞，并且在扩展其知识方面非常成功，而从整体上看，艺术却不能这样说。我并没有在贬低艺术。我相信我们现在也生活在一个属于文学、艺术创作时代，与以往任何时代一样伟大。我认为这是历史的运行方式。如果你正处于一个明显具有巨大科学创造力的时代（比如20世纪），那么艺术领域也将大放异彩。但它以不同的方式大放异彩。从某种意义上说，流行艺术

124

在某种程度上明显比"岩间圣母"[1]好得多。然而，很明显，现在对于 DNA 分子的解释要比他们在 15 世纪绘制的有关类似人的小生物的图画要好得多。

　　这是因为科学可以作为一种公共活动来实践。科学家群体具有一种特殊的优势。你们可以很容易地发现这一点。由于在过去的几周内宣布了如此多的诺贝尔奖获得者，让我提请你们注意一件非常明显的事。如果你们看看 1900 年以来诺贝尔物理学奖、生物学奖、医学奖、化学奖得主的名单，几乎没有一个名字是你们不认识和高度尊敬的。但是，如果你看看 60 多年来获得诺贝尔文学奖的作家名单，你们会发现这实在是一份令人伤感的名单。当我还是个孩子的时候，有一年诺贝尔文学奖被授予一位名叫塞尔玛·拉格洛夫（Selma Lagerlof）的女士。我怀疑你们中是否有两个以上的人读过她的书。我想我可以找到更多不知名的名字，我也可以找到一些没有获奖的非常伟大的作家名字。显然，在文学奖的颁发过程中存在着更多的不确定性。

125　　现在，我进行这种比较只是为了指出一些有关科学家作为一个共同体的判断的观点，这与科学家是更好的评判者或者文学评论家的好坏无关。这与在科学实践中每个人都知道别人的工作是什么有关。这怎么可能？其实很简单。毕竟，你不能

1　岩间圣母，是列奥纳多·达·芬奇的两幅画板油画的统称，这两幅画构图基本相同，一幅画作于 1483 年至 1486 年，现藏于卢浮宫，另一幅画于 1491 年至 1508 年，现藏于英国国家美术馆。——译者注

提出一个科学理论，除非它符合一定的事实。其实，文学是如此，绘画也是如此，它们必须符合人类思维、感觉和行为的某些限制，但这些限制并不像科学的物理事实那样容易表现出来。如果我写了一篇科学论文，它被送到中国、捷克斯洛伐克或者南美和洛杉矶，所有读过它的人都会相信我说的是实话。没有人会假定我说的是真理。我们生来就不知道在这种意义上什么是真理。但每个人都知道，我写这篇科学论文的依据是科学家们的一种隐晦的、不成文的理解，即完全可以相信我所相信的。

不幸的是，这种简单的判断根本就不存在于其他学科中。当我谈到科学伦理的影响时，我将回到这个问题。很明显，如果我写了一本政治小册子，并把它寄到中国、捷克斯洛伐克或者南美和洛杉矶，那么没有人会觉得我写这本小册子的明确目的是写下我所认为的真实的东西，而不是出于别的目的。

现在我恳请大家注意这样一个事实，即这种对字面真理的坚持是在细节上起作用的，而不是在大处起作用。我不能说："我认为相对论是正确的，我认为每个人都应该相信它，这将是一件了不起的事情，为什么我不编造一点证据，让它看起来是正确的？我为什么不选择有利于它的事实，而隐瞒不利于它的事实呢？"这一点至关重要：科学家从不讨论目的，他们只讨论方法，即你从今天的知识到明天的知识的步骤。当一个人提出了一个宏大的理论，并有了一个新的方向，一个

126

新的目标时，是无比美妙的。但方法必须绝对诚实。你不能
说："如果明年我负责国家的科学研究会，那将是一件好事，那
肯定比让别人来负责要更好。因为我会让所有的科学家同事
说我的这一发现或那一发现是真的，虽然事实上，我知道这
是假的，但那将是一件好事。"如你们所知，这类的案例非常
多。有些科学家在他们的实验室里进行了一些伪造工作 [卡默
勒（Kammerer）是最著名的例子]，他们选择自杀是因为在那
种环境下生活是无法忍受的。[1]

　　当然，在文艺复兴时期，欧洲文明出现的某种东西使我们
的社会以这种方式发展。我告诉过你们关于开普勒（通过库萨
的尼古拉）可能听说上帝的爱使万物相互吸引的故事，这一思
想源于亚略巴古的伪丢尼修，他自称是一位教堂神父，但他后
来被发现实际是一个 5 世纪的伪造者。不幸的是，在 1500—
1600 年，一些非常核心的教会文件中出现了许多这样的伪造
品。[2] 佛罗伦萨人和米兰人惊讶地认为：在教会的历史上，曾
经有一段时间，为了使信徒皈依上帝的荣耀，把伪造的文件写
入记录是没有问题的。

　　到目前为止，我一直在说科学事业的力量来自每个人都能

1　Arthur Koestler, *The Case of the Midwife Toad* (New York: Random House, 1973).

2　亚略巴古的伪丢尼修及其作品是意大利人文主义者洛伦佐·瓦拉（1404—1457）揭露的众多假名和伪造品之一。

相信别人说的话。但归根结底，科学除了发现事实之外，还发现了什么？我们如何在此基础上建立行为准则？现在我想谈谈由此产生的科学界的行为准则。

在科学实践中，真理概念的基础是它对每一个细节的绝对控制。好的手段和好的目的没有区别。你只能采用完全诚实的手段。这会让你处于一种特殊的信任状态之中。这是一个深刻的伦理原则。在过去很长一段时间里，人们一直认为科学的发现是中性的。"是什么"就是这种情况，你怎么能从中得到一个"应该"呢？G. E. 摩尔（G. E. Moore）在《伦理学原理》（*Principia Ethica*）一书中率先提出了这一论点，但此观点可能比这更古老，至少可以追溯到 18 世纪。但我们要关注的争论焦点是，你不能从"是（什么）"中得出任何关于你应该如何行动的信息。从"是"到"应该"的转变通常被称为自然主义谬误。对此，我持有异议。

有 3 个不同的观点反对自然主义谬误。其中两个是其他人提出的，还有一个是我提出的。我先简要地说说那些其他人提出的观点。第一个观点，简单且恰当地说，每当你对世界有所了解时，总会有一些行为方式明显是荒谬的。一旦你知道重力是下降的而不是上升的，那么构建一个你认为重力是上升的建筑就是荒谬的。一旦你知道地心引力在地球之外是如何运作的，那么你就不会建造某些形式的宇宙飞船。一旦你知道有两种性别，那么某些行为方式就变得毫无意义。（也许这不是一

128

句很明智的评论，但至少某些行为方式对于整个社群来说变得
毫无意义。）我认为这一观点是完全合理的。我认为我们知道
的越多，我们的选择就越多，这是完全正确的。我们的选择并
不会因为选择面变狭窄而被削弱。相反，我们有更坚实的基础
来做出选择。但是，我不认为这是一个很重要的观点。

沃丁顿（Waddington）提出了一个更有趣的观点："人类
是其所是（毕竟，我所做的这些讲座的重点是"人类是怎样
的"），我们应该如人类一样行事。"我认为这是一个很好的看
法。我认为找到人类真正的能力并采取相应的行动是非常重要
的。我认为说集中营里的看守者像野兽般地行动是完全公平
的批评。（我必须公正地为野兽说句话，你根本找不到这样行
动的野兽。人类能够如此野蛮是非常特殊的。）我认为，我们
对我们的进化史了解得越多，我们对作为人类的潜力了解得越
多，我们就越清楚，我们之所以成为现在的样子是因为某些天
赋。我们应该运用这些天赋，这是正确的。

但是，我认为在最后一个观点，也就是我自己的观点面
前，我们不需要这两个形而上学的观点。你们每个人都读过我
的一本书——《科学与人类价值》，所以你们都知道我第一次
在那里提出了这个看法。简单地说，除非你以某种方式行事，
否则你无法知道什么是真的。谈论什么是"好的"等同于谈论
其所是，当你发现什么"是真的"的时候，你也就明白了"应
该"怎么做。"应该"是由"是"在实际的知识探究中规定的。

除非你以某种方式行动，否则你是无法获取知识的。

最有趣的例子当然是集中营里的纳粹医生和纳粹分子。他们发现自己陷入了一个非同寻常的悖论。他们知道最终的"真理"，他们知道雅利安人比其他任何人都好，所以他们知道相对论不可能是真的，因为相对论是爱因斯坦提出来的。当然，他们不够博学以想起庞加莱曾提出过一个类似的主张。当海森堡极为愚蠢地对他的学生发表演讲——"你必须阅读相对论，不管爱因斯坦是不是犹太人"——的时候，希姆莱实际上已经对海森堡进行了调查。幸运的是，由于在这种极权主义国家，一切都是裙带关系，希姆莱的姑妈认识海森堡的表弟，所以海森堡没事儿。

现在，你们看到了他们的困境。一方面，他们沉迷于现代国家的建国原则，即知识就是力量；另一方面，他们不愿意接受这样一个事实，即你只能通过诚实的手段获取知识。例如，如果你提出一个假说，认为黑人与黑猩猩的关系比他们与希特勒更亲近，那么你就破坏了科学的基础。这一切迟早都会在你的耳边回荡，因为如果你想制定一项政策，比如说关于遗传学的政策，在这种错误的前提下，那是不可能实现的。为什么纳粹在战争中没有任何重要的发现？为什么集中营里的医生们利用他们所有的机会只做出如此可怜的无意义的表演？根本的原因在于纳粹科学家们陷入了可怕的悖论：他们只知道一种获取知识的方法，但那正是他们被禁止使用的方式。

一旦你们将真理（具体的真理）看作是科学界的黏合剂，那人们就必须立即行动起来，使真理变得显而易见。你们知道，在这个房间里的所有人都可以畅所欲言，就好像在必要情况下我们都可以发明一些简单的东西，像蒸汽机。当然，大家都很清楚自己做不到。想象一下，如果你处于一个不幸的境地，被遗弃在一个荒岛上，在一群特罗布里恩德人（Trobriander）中间。你对他们说："我们有好东西。"他们说："好吧，什么东西？"然后你说："自行车。"他们说："好吧，给我们做一辆自行车。"你不知道怎样开始制造自行车。你知道齿轮是怎么工作的吗？你还记得链条是怎么运转的吗？你知道你需要什么样的金属吗？

131　　本杰明·亨茨曼（Benjamin Huntsman）一生都奉献于谢菲尔德的冶金业，以求制造出更好的手表发条，因为他小时候对手表的运行方式并不满意。现在制造这种手表发条的人都不会想到本杰明·亨茨曼。但科学正是从这些人的个人工作中产生的。现在亨茨曼不会成为英国皇家学会的一员，因为作为一个贵格会教徒，他蔑视一切世俗的荣誉。他对他的方法保密。事实上，他销毁了自己工作中不合格的原件，谢菲尔德的其他人把它们"挖"出来，制成了亨茨曼始终认为不够好的完美钢材。如果你仔细想想，这块手表最终是由这些人的共同劳动完成的。

　　如果你今天能制作一块手表，那是因为你可以相信罗伯特·胡克（Robert Hooke）、惠更斯（Huygens）关于擒纵装置的说法，等等。每一种科学理论都是如此。在没有很多人相信的情况下，你不可能得出科学上最简单的结论。我认识很多生物学家，我不相信他们说的任何一句话。但当他们开始谈论如何将DNA组合在一起的时候，我知道他们说的是真的。如果没有这种传统，我们就无法工作。这个传统可以追溯到1660年，当时科学论文始于一个朋友写给另一个朋友的私人信件。这就是使科学加速的力量，它使人们能够对彼此的陈述有绝对的信任。因此，从试图找出"是"，例如，确切地说，一年中有多少秒，我们被要求找出"应该"；也就是说，你应该告诉我如何制作一个好的手表弹簧，我也应该能够相信你。

132

　　我告诉过你们，我在1953年的《科学与人类价值》一书中已经说过这一切。你们很多人都读过它，所以我对重复这个观点感到有些尴尬，但是如果你们没有，我会请你们转向这个观点，因为我会继续展示其他价值观是如何从真理中衍生出来的。世间存在着个人价值观——尊重、敏感、宽容——没有这些价值观，科学就无法继续。它们是"是"的价值观，是独立工作的价值观，也是公共的价值观，它们是"应该"的价值观——诚实、正直、尊严、真实——这些都与科学界密切相关。在此基础上，300年以来，科学几乎每50年就有一次彻底改变（我已经告诉过你们好几次了）。没有人被枪杀，没有人被击毙，没有人被消灭。理论错误的人退休后会获得荣誉。

今天下午有人跟我谈了帕特里克·布莱克特（Patrick Blackett）的理论，他认为磁力是由旋转引起的。我记得当这个理论出现的时候，我也记得它行不通的时候。帕特里克·布莱克特现在是皇家学会主席，没人对他说："得了吧，你一无是处，你犯了一个错误。"但另一方面，如果他从那时起假装他没有犯下这个错误，而是通过巧妙的实验表明他没有错，我可以向你保证，如果他贿赂他的同事，让他们做一个关于他是一个多么好的人的证明，他就不会成为英国皇家学会的主席。

133　　　如果你想还原科学的本来面貌——一种稳定的知识体系，它在任何特定时刻都是封闭的，但总是在变化，如果你想让它充满活力而又稳定，那么你就必须为绝对的完整性构建条件和保障。科学家协会、科学家群体有这样一个优势，从我们进入它的那一刻起，我们都知道，从现在起 50 年后，我们在这里学到的大多数东西将被证明是不完全正确的。即使没有巨大的个人戏剧性事件，这也会实现。要实现这一目标，必须对那些采取了正确和错误步骤的人给予应有的荣誉。如果社会想要在变革中保持自身的活力，就必须把这一点融入社会关系中，否则就会形成一个僵化的极权主义社会，就像柏拉图、希特勒、墨索里尼等人想要建立的那样。我所知道的关于这些社会的一切就是，我目睹了希特勒、墨索里尼之流的死，在我有幸成长的社会中，它们大体上维持了自己的生存，而没有造成其他社会的巨大人员损失。

话虽如此，如果我不说说科学在这方面对我们社会的影响，那就显得我太胆小了。我们，这个城市和世界上的人们，现在是第一次生活在一个基本上被科学观点贯穿始终的社会中。科学观点与科学伦理是分不开的。4 天前，我在报纸上读到修女是这个国家所有群体中寿命最长的群体。她们的平均预期寿命是 77 岁。我完全相信这一点，不仅仅因为我在报纸上读到，还因为我认识发表这一发现的人的名字。我并不想因此成为一名修女，它本身也并没有告诉我任何关于成为一名修女的事情。有些人可能会受到这些因素的影响。但是，这些问题的提出和回答本身就表明，我们是如何在各个方面被科学观点所渗透的，以及我们对科学观点充分信任的事实。因此，我们不会说"现在我们必须信罗马天主教"，或者"我们必须不信罗马天主教"。我们只是说"好吧，就是这样。很有趣，不是吗？你不应该吃那么多"，或者"你不应该吸烟"。

我们正生活在科学伦理贯穿一切的历史性时刻。这是你可以相信的，它在报纸上，它不是一个宗教派别或另一个宗教派别的宣传，它已经被一位科学家在一本正规的出版物上说过。另一方面，如果这类事情是由某个教派机构提出的，我们是不会相信它的。

我认为，在政治和政府的历史上，现在是相当的危机时刻。现在是一个非常困难的时期，政府由年事已高的人掌控，他们不具备这种精神。所有关于战争和信任差距等问题的争论最终都归结为一点：我们都是在大学社群、一般的知识分子社群中成长，我们相信人们会说出自己的想法。我们相信他们会讲真话，我们相信他们会组织社会，使诚实、正直、尊严等受到尊重。然而，当情况并非如此时，我们会感到非常失望。当我遇到大学生时，我意识到他们并不认为这是信任差距，他们只是认为这是虚伪差距。他们只是认为，在政治社群中，在国家之间的关系中，你们这些年长者被允许去做一种虚伪的事情，而他们是不被允许在大学的神圣大厅里做这种事情的。

如你所知，我不是美国人。（听我说，你一定会慢慢明白。）美国的一些机构以这样的方式尤其让我印象深刻。如果你来到英国，英国的一些机构会以同样方式震惊你。但让我提三件我强烈地感受到的事情。例如，我认为，在美国的法律体系中，以偷税漏税的罪名把歹徒关进监狱是一个可怕的错误。一旦法律成为一种工具，那么"自然法则"与"人的法律"、"是"与"应该"之间的关系就完全丧失了。如果你不能因为他养了一群妓女而把他关进监狱，你最好还是放他走吧。一旦法律成为一种操纵人们入狱的手段，这种区别就消失了，为什么？——因为他们应该被关进监狱。他们为什么要坐牢？——不要问，他们应该入狱。你知道，这不是科学伦理。如果你打算把他们关进监狱，你最好因为他们犯了基本罪行而把他们关进监狱。

每个人也都知道，很快所有的公务员都会成为国家的监护人（这不是一个美国特有的现象，而是一个普遍现象）。但是我发现，在美国有一个现象令人担忧，如此多的政府资金投入到科学研究中，这样一来，一个年轻人如果不想遵守政府在某一天和某一刻视为正当行为的规定时，可能会在此后多年的生活中陷入非常尴尬的境地。

最后，让我震惊的是，一旦引入法律系统作为一个手段（通过法律手段保护现状），最终社会不是对抗罪犯而是对抗两个"黑帮"：一个叫警察，另一个叫罪犯。警察戴着不同的帽子，但他们现在变成了军队。例如，在我住的加利福尼亚州，警察看上去就像士兵，这让我感到很不愉快。警察不是士兵，他们是法律的守卫者。但他们（现在）不是在打击犯罪。

谈到关于法律成为超越正义的独立实体的一般趋势时，我称之为"官吏的傲慢"[很抱歉，实际上是莎士比亚称之为"官吏的傲慢"（the insolence of office），但我很乐意从他那里"盗"用]。我回到了关于科学黏合剂的中心观点，我现在相信科学是任何一个长久社群的黏合剂。民主是一种组织国家的方式，它正如科学一样显示出它的成功，因为它能够不断地改变自己。它只能通过与科学相同的方式，通过绝对的诚实和正直来做到这一点。我个人对所有政治的看法是：只要确保每个人都一直说实话，并在他不说实话的时候告诉他。你将会惊讶地发现人们向你投来了多少关注。当然，在我看来，知识分子完成正直的义务是明确的。很明显，我不想讨论这些是好的目

136

137

的还是那些是好的目的，不想讨论这是一种好的社会形式或者
那是一种好的社会形式。我想讨论的只是这样一个事实：作为
知识分子，我们已经把科学的巨大成功视为一种活动，因为它
建立在对真理陈述的完全信任的基础上。在我看来，知识分子
作为真理的见证人，似乎是必须从这一点中得出的结论。如果
我之前花了五个讲座的时间让你们对真理感到困惑，请不要惊
慌。正是因为我们知道我们不是真理的守护者，我们没有任何
圣杯，我们尽我们所能地讲真话，我们在任何情况下都坚持了
这一点。

　　我已经对美国警察做了一个具体的评论，现在我希望你
们能允许我以一个小故事来结束本次和这一系列的讲座，只是
为了向你展示警察在这个国家真的很棒，就像他们的英国同行
一样。1953 年，我来到麻省理工学院举办了"科学和人类价
值"的讲座。我经历了很多不幸，其中之一就是我几乎是第一
个在新麦卡伦-瓦尔特法案（McCarran-Walter Act）下就职的
学者。我不愿详述我是如何被侮辱的，为了能够就职，我经历
了从被诊断为性病到急忙地把自己的身份从科学教授改为历史
教授。但最终，我还是在一个寒冷、多风的 1 月早晨到达了纽
约的一个码头。一个个头儿比我小的爱尔兰警察，面对着我的
大箱子。有一张长长的单子上写着"你带来了什么？"等。我
非常清楚在这种情况下，讲实话是最佳的处理方式：关于我已
经写了六卷本，那本书要送给朋友，诸如此类。他说："这些

书你都有吗?"我说:"是的。"他说:"你知道我应该读所有这些书。"我说:"嗯，你知道，有几份副本是一样的，你为什么不现在就开始读呢?"不幸的是，他拿起一本关于布莱克的书。当我看到他做这件事的时候，我想:"我们可能遇到麻烦了，在这件事上，有各种各样关于卡尔·马克思、社会主义和工业革命等禁忌的话题。"然而，他读了大概两句话，然后对我说:"你写这个，兄弟?"我说:"是的。"他说:"嘘，这本书永远都不会成为畅销书!"

只要爱尔兰警察还喜欢文学批评而非法律主义，智慧就不会消亡。

索　引

本索引标注页码为原书页码，即本书页边码